ENIGMA 5
双書エニグマ
kan toyohiko

道徳的実在論の擁護

菅豊彦

A Defence of Moral Realism

keiso shobo

まえがき

現代の倫理学、道徳哲学は反実在論的傾向が強く、多くの哲学者たちは美的価値や道徳的価値はこの対象世界、自然世界に存在しないと考えている。それに対して、私は、本書において、この反実在論を批判し、道徳的実在論を擁護する議論を提示したい。

現代の道徳的反実在論の淵源は一七世紀の科学革命にあるが、一八世紀のヒュームは心の哲学を通してこの反実在論を基礎づけた。人間の精神を事実に関わる理性と態度の表出である意志とに二分し、価値をいわば意志や欲求の関数として捉えたのである。

ヒュームの哲学は当時の多くのひとびとに受け入れられたわけではない。敬虔な、常識の大家ドクター・ジョンソンはヒュームを危険な思想家と見なしていたふしがある。だが、二十世紀はヒュームにとって幸福な時代となった。その道徳哲学の大勢はヒュームが敷いた路線を歩んできている。道徳的反実在論は個人主義、民主主義に繋がり、異文化の価値を受け入れる柔軟性を示しており、ヒュームの見解は現代の哲学者たちの「常識」となった。

他方、道徳的実在論の「原像」とでも言うべきプラトニズムにとって、二十世紀は不運な世紀であった。ファシズムによって利用され、全体主義的傾向をもつものとして、しばしば、批判の矢面に立たされてきた。

このような現代の趨勢に抗して、私は古代ギリシアのソクラテスやアリストテレスの精神を尊重したい。彼らは正義、勇気、節制、等のいわゆる徳を広い意味での知識として捉え、その知を通して実在する価値が把握されると考える。私はそのような価値の実在性を後期ウィトゲンシュタインの言語観の視点から捉え、道徳的実在論を擁護したいと思う。

現代の道徳的反実在論者の多くは近世自然科学の対象を「実在」と考えるが、しかし、私は、「実在」は日本語や英語といった自然言語を通して示されるという見解を取る。人間は自然言語の世界に生まれ落ち、「ノイラートの船」や「伝統の貯蔵庫」に喩えられる、この自然言語を習得することを通して概念能力を獲得し、分節化した世界に関わるようになる。その意味で、実在世界は「言葉をもつ動物」にとってのみ開かれる世界である。ウィトゲンシュタインの晩年の『確実性の問題』に示される「世界像」の概念はその方向を示唆している。

この見解に立てば、道徳的動機を問題にする場合、われわれの「概念能力」と「知覚」の役割がきわめて重要になってくる。ある芸術作品の価値がその道の訓練を経たひとびとによって正しく把握されるように、特定の状況に含まれる道徳的価値は経験を積んだひとによってのみ知覚される。

それゆえ、反実在論者のように、人間の心を分子や原子の離合集散する「死物世界」に散在するものとして押さえ、価値をその心が対象世界に「投影」したものと捉えるのではなく、美的価値や道徳的価値は人間の心によって「照らし出された」対象世界の特性であると私は考える。

一見ささやかに見えるこの相異を明らかにするためには、多くの考察が必要であるが、それがもたらす帰結はきわめて大きいことを、本書を通して示すことが私の目標である。


本書の内容のうち、まず、第五章の元になった「道徳的動機について」を南山大学における研究会で（二〇〇一年七月）発表し、そこでのさまざまな批判を受けて、第四章「事実と価値」ならびに第七章「価値の知覚と実践的推理」を書き足し、この三編に第二章の「道徳的実在論の基層（一）――知覚の対象」を付して、『言語の習得と道徳的価値概念の習得に関する研究――道徳哲学における実在論と自然主義』（平成十一年度〜平成十三年度科学研究費補助金研究成果報告書（基盤研究(c)(2)））を刊行した。

また、以上の内容に、第三章の「道徳的実在論の基層（二）――自然言語と実践的知識の優位」を補足して、二〇〇二年十二月に、東京大学大学院人文科学研究科と文学部で集中講義を行った。学生諸君から多くの質問や批判が提示され、私自身大いに啓発されたが、そのような批判を踏まえて大幅な書き換えを行い、第一章「道徳的実在論と反実在論」、第六章「人格の概念と価値の空間」を加えて、この書は成立した。名古屋や東京で私の見解を批判してくださった方々に応える改善や前進が本書で示されていることを切に望んでいる。

本書の成立に関して、とくにお二人の方にお礼を申し述べなければならない。以上に記したように、たびたび書き換えを行ったが、その度ごとに、九州大学大学院比較社会文化研究院の新島龍美氏は草稿を丁寧に読み、問題点を指摘してくださった。新島氏の助言なくしては本書は成立不可能であった。深く感謝の意を表したい。

また、勁草書房の富岡勝氏には二十年前『実践的知識の構造』を出していただいたが、本書は三冊目に当たる。今回、富岡氏は本書の構成、叙述のスタイルについて何度も助言をしてくださった。それを受け、構成や議論を変更し改善してきたが、まだ氏の期待に応えるものになっていないことを痛感している。しかし、現在の段階にまで至ったのはひとえに富岡氏のお陰である。心からお礼を申し上げたい。

私は一九六四年九州大学文学部を卒業したが、その前年、黒田亘先生が海外出張から帰られ、大学院ではアンスコム、ストローソン、クワインを読んでいただいた。クワインの『ことばと対象』のときには、先輩たちは就職していき、教師ひとり生徒ひとりの授業であった。ときどき松永雄二先生が参加され、お二人の先生がアリストテレス、ストローソン、クワインについて対話されていた様子が昨日のことのように思い出される。

私の就職後は、先生のお宅でウィトゲンシュタインの『確実性の問題』を東京大学に移られるまで読んでいただいた。先生から見れば、ただただ真面目だけが取り柄の学生も、すでに先生が亡くならられた年齢を過ぎ、来年三月には停年を迎えようとしている。このささやかな書物を、感謝の思いをこめて、謹んで亡き黒田亘先生に献げたい。

二〇〇四年三月二〇日

道徳的実在論の擁護

目次

序論

「人はいかに生きるべきか」という問い以上にわれわれが真剣に取り組むべき課題があるだろうか。こうソクラテスは問いかける（『ゴルギアス』五〇〇C、『国家』三五二D）。このソクラテスの探究を、三十年ほど前の倫理学や道徳哲学に期待することはむずかしかった。[1] 実証主義的傾向が強く、そのような問いや探究は学問として不可能であるといった考え方が支配していたからである。

しかし、状況は変わってきている。伝統的な倫理学を批判してきた現代の実証主義のさまざまの前提が問題視され、さらに、この実証主義を導出した近世合理主義がくずれてきている。倫理学や道徳哲学は、今日、それ自身の課題を追究する営みを通して、逆に、近世・現代哲学の問題点を剔抉することもできるだろう。

われわれは、本書で、右のソクラテスの問いを探究するかたちで、正義や善や勇気はどのような意味で存在するのかを追究していきたい。それを「価値と事実」の関係、「人為（ノモス）と自然（ピュシス）」の関係として押さえ、考察していくことにしよう。価値概念は事実に基づいているのだろうか。ノモスはピュシスに根ざしているのだろうか。この問いに対して、近世・現代の思想家の多くは否定的である。では、そこにどのような理由があるのだろうか。関連する、二つの理由を取り上げてみよう。

①西の海に沈む夕日が息を呑むほど美しいといった場面に遭遇することがある。その際、われわれは、その美しさは夕日と海と空が織りなす情景にあると考える。また子犬に石を投げつける子供たちの行為を残虐だと憤るとき、その行為そのものが残虐であると信じている。したがって、「夕日が美しい」とか「その行為は残虐である」という判断を価値判断と呼ぶとすれば、価値判断は事実に基づいているように思われる。

しかし、この事態を違った仕方で捉える見方もまた存在する。海に沈んでいく夕日はたしかに外的世界に生じる客観的出来事である。だが、それを美しいと把握することはわれわれの心の働きであり、「美しい」とか「残酷」といった価値表現は外的世界に適用される概念ではなく、心に関わる主観的な概念であると解釈される。

「価値判断は主観的であり、それゆえ相対的である」というこの見解は、「正義」といった概念を取り上げてみればより明らかになる。たとえば、父親を殺した男を仇討ちするといった行為は江戸時代には為すべき、正しい行為であったとしても、現代日本においては決して正しい行為とは認められないだろう。「殺人行為」という言葉は事実に根ざす概念である。しかし、「正義」の概念は、時代や社会によって異なる人為的な取り決め（ノモス）にすぎないという見解が生じてくる。

②道徳的判断の相対性に関する以上の見解は、どの文化圏においても認められる考え方である。しかし、それとは別に、この相対性を強力に支える「大事件」が西洋近世において生じてきた。十七世紀に勃発した、ガリレオ、デカルト、ニュートンによる科学革命である。周知のように、科学革命は産業技術を産み出し、人類の歴史を大きく変えていったが、哲学思想の視点から捉えるならば、それは、文字通り、「思想革命」をもたらした。この革命により価値と事実は切り離されることになる。

われわれは今日、学校の物理学や化学の時間に、自由落下の法則（$y=\frac{1}{2}gt^2$）や水の分子式（H_2O）を学習するが、近世の科学者たちは感覚的に経験しうるもののなかで、その変化が単純な度量の変化として規定される、重さ、距離、時間、形、等々の性質相互のあいだにどのような関係があるかを追究した。そのようにして取り出されるのが自然法則であり、その法則の対象は分子、原子、電磁場の世界であって、この世界が実在世界であると考えられるようになる。

分子や原子は色や味をもつことができない。それゆえ、色、音、匂い、味といった性質は科学的実在世界から追放されることになる。そうなると、愛憎、喜び、悲しみ、悔恨、等々の心的作用や性質、さらに美醜、善悪、等の価値的性質は科学的実在世界から締め出される。したがって、道徳的価値は「世界という建造物（the fabric of the world）の一部ではない」という反実在論的見解が生じてくる（マッキー『倫理学』一五頁、邦訳八頁）。

以上が価値を事実から分離し、価値を科学的実在世界から追放する道徳的反実在論の基本的見解である。しかしながら、多くのひとびとの素朴な価値意識は実在論的であるように見える。われわれは花に鳴くうぐいすの声を美しいと感じ、また残酷な行為に憤りを感じてさまざまな振る舞いをするが、その際、ものの色や、美しさや、残酷さがこの対象世界に存在していると素朴に信じている。

本書において、われわれはこの素朴な意識に立脚した道徳的実在論の擁護をこころみたい。色や匂いを追放し、美的価値や道徳的価値を締め出す科学的な「死物世界」は人間が生きて行為する世界ではありえない。そのような死物世界を実在世界と見なし、われわれの現実の生活世界を「派生的存在」として把握することは本末転倒である。たしかに自然科学はこの世界に成立する普遍的法則を追究し大きな成功を収めてきた。しかし、自然科学による世界把握はいわば「側面から眺められた位相（sideways-on view）」にすぎないとわれわれは考える。(2) では、われわれは科学的実在論に代えて、どのような実在論を提示し、どのように道徳的実在論を擁護しようとするのだろうか。

本書の議論の目標とその筋道を簡単に示しておくことにしよう。

（1）人間は環境世界の中に生き、行為する存在である。そして、できるだけ適切に行為し、よく生きていくためには、環境についてその状態を知っていなければならない。これはたんに人間だけではなく、ほかの動物についてもいえることであり、猫は庭の隅の小鳥を認め、それを捉えようと忍び足で近づいていく。

このように世界とわれわれを繋ぐものをここで広い意味での「知覚」と呼ぶとすれば、人間と動物とでは、この知覚の形態が大きく異なっている。動物の場合、環境世界の知覚とそれに対する反応の及ぶ範囲は各動物の種的な欲求充足の範囲に限られている。しかし、人間の場合、その知覚と行動形態は生物としての欲求充足の範囲をはるかに超えている。

（2）猫は小鳥を知覚し、それを追いかけるが、犬を知覚し、それから逃れ去ろうとする。このように動物も外的世界について同じ相貌（種的同一性）をたしかに認知している。だが、猫は対象を「小鳥として」、「犬として」知覚しているわけではない。他方、人間の場合、その知覚のかたちを規定する重要な要因が言語能力にある。言語を習得する以前の幼児の知覚形態は動物の知覚と比べ大きな質的差異はないが、われわれは自然言語の習得を通して真の意味での「世界」と呼ばれるものに関わるようになってくる。

ところで、日本語や英語の音声や文字を言語記号にしているのは、自然法則ではなく、人為的な言語規則という約束ごとである。言語は、社会共同体のうちでの規約や制度に支えられて成り立っている点で、貨幣とともに人為（ノモス）的なものの代表である。だが、人間は自然言語というノモスの習得を通して概念能力を獲得していき、この概念能力によって自然世界を分節化するようになる。紅葉したモミジと黄金色に輝くイチョウを区別し、怒り狂った表情と悲しみに沈んだ表情を、勇気ある行為と臆病な行為とを識別するようになる。

このように人間は言語を通してはじめてものごとの自然に、ものの本性（ピュシス）に触れることができるのであって、言語とは、自然（ピュシス）と人為（ノモス）が結びつく場であり、その意味で「第二の自然」と呼ぶことができよう。

（3）さて、言語を知るとは、単純化していえば、その用法を知ること、つまり言葉を具体的な文脈でどのように適用するかを知ることである。この言語使用能力は実践的知識であり、この知はきわめて広い領域に浸透している。先に人間の知覚能力の基底に言語の知識が前提されていることを指摘したが、いま自分が何を為しているかという、自己の行為についての知識もこの言語能力に基づく実践的知識であり、この知識はさらに、どのように行為すべきかという生き方の知に繋がっていく。

以上のように、われわれは、本書において、自然言語の習得を通して概念能力を捉え、その概念能力を介して外的対象の知覚を把握しようとする。それゆえ、自然言語を実在世界の「規定要因」として捉え、われわれの概念能力と実在世界の不可分な関係を強調する。

（4）ところで、先に、ひとびとの素朴な道徳意識は実在論的であり、われわれはその道徳的実在論を擁護すると述べた。しかし、本書で提示する道徳的実在論は屈折したかたちを取っている。

二十世紀の初頭、ムーアは「直覚の対象」として善の存在を主張したが、現代の道徳的反実在論者たちはこのムーアの直覚主義的な実在論を批判することによって自己の立場を提示している。われわれも反実在論者と同様に、ムーアの「直覚」概念に問題があると考える。そのような、端的な仕方で独立な価値の存在を主張することはできないと思う。しかし他方、われわれは、道徳的反実在論者による道徳概念の説明は人間の道徳経験を説明するものになっていないと考える。すなわち、「いかに生きるべきか」という要求に応えるようなかたちで問題を捉えていないと思う。

それゆえ、本書は、現代の反実在論を批判し、非認知主義を退けることによって道徳的「実在論」を擁護するが、われわれの立場は、正確には、道徳に関するアンチ・反実在論、ないしアンチ・非認知主義というべきものである。

（5）しかし、では、どのような視点から反実在論を批判しようとするのだろうか。われわれは、先に、美的価値や道徳的価値を締め出す科学的な「死物世界」は人間が生きて行為する世界ではないと述べた。

この近世科学主義に対するわれわれの思いは、アナクサゴラスの自然学的説明に対するソクラテスの不満（『パイドン』九八E）と重ね合わすことができる。たしかに自然科学はこの世界を支配する普遍的法則を追究し、多大な成果を収めてきた。しかし、科学的説明は、ソクラテスが批判するように、人間が生き、行為する経験世界を「正面から」問題にするものではない。科学による世界把握は「側面から眺められた位相」なのである。

ソクラテスは対話相手とともに「勇気とは何か」「徳とはなにか」と尋ねていくが、このように、われわれがそこにおいて道徳的知識を求めて探究する言語空間に注目したい。この言語とは、先に述べたように、ひとびとの知覚経験や価値的経験がそこで捉えられるような自然言語である。それゆえまた、この自然言語を通して知覚世界や価値的世界が成立する。そして、われわれはその中でこそ「存在するものの真理や実在」が示されることを明らかにしていきたいと考える。

(6) 本書において、まず反実在論者の「知覚」概念の批判を通してわれわれが抱く「実在」概念を提示する(第二章)。またこの「実在」観を形成する自然言語の生成とその機能の解明をこころみる(第三章)。

以上のような予備的、基礎的作業に基づき、本書の中心をなす、第四章「事実と価値」、第五章「道徳的動機と理由の空間」において、道徳的実在論を擁護する議論を提示する。第四章では「残酷」「勇気」といった「厚い」価値概念を取り上げ、「事実」と「価値」の不可分性を明らかにし、またその根拠を追究する。第五章では、反実在論者の行為把握の核心をなす「欲求と信念」の二元論を批判し、具体的な道徳的動機の考察を通して道徳的実在論の擁護をこころみる。

つづく、第六章「人格の概念と価値の空間」ならびに第七章「価値の知覚と実践的推理」において、道徳的実在論によって可能になり、また逆に道徳的実在論を可能にする行為の主体を、「人格」概念を通して考察する。また、この人格概念が「自由」や「責任」の概念とどのように関係するかを追究する(第六章)。さらに、この人格が価値世界にどのように関わっていくかを、アクラシア(意志の弱さ)や徳の概念を通して考察する(第七章)。

第一章　道徳的実在論と反実在論——二つの自然観

古代ギリシア以来、人間の知的活動は理論的知識、実践的知識、そして創造的知識の三つに区別されてきた。しかし、ソクラテスにとっては、知識とは他の諸能力を宰領してひとをよき行為へと導くものであり、実践的知識こそ知の原型であったように思われる（プラトン『プロタゴラス』三五二C、『国家』四四三E）。

まず、実践的知識の特徴を捉えるために、人間の行為と自然の現象とを比較してみよう。木々の枝が風に吹かれてゆれるとき、その葉はさまざまな動き方をするが、そのような葉の動きを区別して表す名称をわれわれはもってはいない。他方、黒板に字を書く手の動きを、われわれは「彼女は〈私は馬鹿だ〉と書いた」といった仕方で表現する。話し言葉の場合も同様であり、さらに言語行為以外の行為についても、個々の行為を区別して名指す多くの名前が存在する（アンスコム『インテンション』四六節)。

もちろん、われわれは人間であって、木の葉の動きよりも、人間の振る舞いに特別な関心をもっている。だが、人間の身体の動きに対しても、木の葉に対するのと同様な関心をもって近づくことはできるが、そのようなアプローチはソクラテスが取った態度ではなかった。ソクラテスにとって関心がある人間の振る舞いとは、「なぜそうするのか?」という問いが存在しないとしたら、存在しないようなタイプの記述なのである(プラトン『パイドン』九九E)。

日本語という自然言語には、行為を表現するさまざまな言葉が含まれている。「立ち上がる」「殴る」「呼ぶ」「屈む」「挨拶する」「合図する」「支払う」「売る」「雇う」、等々。われわれは日本語という言語空間のうちに生まれ落ち、このような行為の言葉を習得することによって、自己の振る舞いを「殴る」とか「支払っている」といった仕方で語ることができるようになる。またその際、「なぜ殴るのか」「なぜ支払うのか」と行為の理由が尋ねられる。このように、理由が問題になるということが、行為の表現を使う場合の前提であり、われわれの「行為の空間」はそのような「理由の空間」であるといえる。

実践的知識についての以上の見方は常識的なものであり、多くの文化圏において、人間は「言葉をもつ動物」として捉えられ、「未来に関わる存在者」として把握されてきた。

ところが、この知識の把握は十七世紀のガリレオやニュートンの科学革命以降大きく崩れてくる。すなわち、はじめに上げた三つのタイプの知識のうち、理論的知識の圧倒的な優位の下で、知識論は展開されることになる。デカルトの『省察』からウィトゲンシュタインの『論理哲学論考』に至るまで「主観と客観」の構図が支配し、人間は世界を「観る」知性として捉えられ、その視点から万物が把握されるようになってくる。したがって、実践的知識が独自のカテゴリーとして位置づけられる余地はなくなってくる。

ここで、近世科学革命の思想を体現したヒュームの哲学を取り上げてみよう。ヒュームは、人間の精神を理性（知性）と感性（感受性）、信念と欲求に二元論的に分離する。理性は静観的であり、真偽が問題になる知識や信念を与えるのに対して、感性や欲求は心的態度を表出し、行為をうながす動機を形成する。このヒュームに従う現代のヒューム主義者にとって、「金を盗むことは不正である」といった価値判断は、事態を記述・判定しているのではなく、それは話し手の心的態度の表出であり、元来、実在を捉える知識の資格をもちえないものである。

このように二十世紀の道徳哲学の主流はヒュームの思想を受け継ぎ、事実と価値、自然（ピュシス）と人為（ノモス）を切り離す道徳的反実在論の形態をとる。それに対して、われわれは、本書において、この反実在論の根拠を検討することを通して、その見解を批判し、実在論を擁護する議論を展開していきたい。

1　ソクラテスの道徳的実在論

現代の道徳的実在論と反実在論を考察するにあたって、哲学の二つの古典を取り上げ、道徳的実在論と反実在論の特徴を提示しておこう。ひとつは道徳的実在論の原型ともいうべき、プラトンの『パイドン』であり、もうひとつは現代の反実在論者たちの思想の源泉となっている、ヒュームの『道徳原理の研究』である。

（1）プラトンの初期対話篇はソクラテスと対話相手の人物が、人間の幸、不幸に密接に関わる「正義」「勇気」「節制」「智慧」といった徳目について、そのそれぞれが何であるかを尋ねていく形式をとっている。このような徹底した追求の背景には、理性をそなえた人間にとって「人はいかに生きるべきか」という問い以上に真剣に取り組むべき課題はありえないというソクラテスの確信が存在している。ソクラテスは対話を通してそれらの徳目が何であるかを追求し、また自身の生き方、死に方そのものによって「よく生きること」の何たるかを示したといえる。

さて、『パイドン』で、ソクラテスはアナクサゴラスが「理性（ヌース）が万物の原因」であるという説を唱えていると聞き、大きな期待をもってアナクサゴラスの書物を読んだ体験を語っている。

しかし、その書物はソクラテスの期待をまったく裏切るものであった。アナクサゴラスは人間の行為の原因について、

われわれの身体は骨と腱からできていて、腱は伸び縮みできて、肉や皮膚とともに骨を包み、……腱が伸びたり縮んだりすることによって、脚を曲げることができ、この原因によって僕はここで脚を折り曲げて坐っているのだ。（『パイドン』九八C－D）

といった自然学的な仕方で説明をしていく。

だが、このような説明は「必要条件という意味での原因」と「真の原因」と混同したものである。ソクラテスはこう語る。

本当の原因は次のことである。アテナイの人たちが僕に有罪の判決を下すのが善いと思い、僕がかれらがどんな刑罰を命じるにせよそれを受けるのが正しいと思ったことが、僕がここにいる真の原因なのである。もし……逃亡したり脱走したりすることがより善く正しいと思ったならば、僕のこんな腱や骨はその僕の判断に運ばれて、とうの昔にメガラやボイオチアあたりに行っていたことだろうからね。（『パイドン』九八E）

つづいて、ソクラテスは自ら、人間の行為を含む万物の真の原因は「善」「正義」「美」といったそれ自体で存在するものであるという仮説をたて、この実在するものの真理を「言論（ロゴス）の中で」考察していく「第二の航海」に乗り出していったことを語っている。

これが、普通、イデア論（いわゆるイデアの「離在」）といわれる思想の最初の提示である。しかし、本書で道徳的実在論という場合、とくにプラトンのイデア論を意味しているわけではない。ソクラテスの精神を受け継ぐプラトンが『パイドン』で導入し、『国家』において展開したイデア論も、またそのイデア論を批判するアリストテレスの『ニコマコス倫理学』の思想もともに道徳的実在論と見なすことができる。すなわち、美的価値や道徳的価値がわれわれから独立に世界に実在するという思想を、われわれは本書で、道徳的実在論として捉えているのである（この場合、「われわれから独立に」という表現の意味をどう解するかが大きな問題となってくる）。

ひとびとは海に沈む夕日を美しいと感じるとき、その美しさは夕日そのものの内にあると捉え、また、子犬に石を投げる子供の行為を残虐だと憤るとき、残虐さはその子供の行為の性質であると考えている。このように、道徳的実在論は人間の日常の素朴な意識にその基盤をもっている。

(2) さて、『パイドン』で、ソクラテスは若いころ自然研究に熱中していたと語っている。すなわち、プラトンは、「善」「正義」「勇気」といった倫理的な存在を追求する歴史的ソクラテスの哲学的営為が「万物の原因」として、自然についての探究もその内に含む原理的視点をもっていたことを示唆しているのである。したがって、通常の哲学史で強調される、「ソクラテスは哲学の関心を自然の問題から人間の問題・道徳の問題へと転換した」といった説明は誤解を招くものであるといえよう。

プラトンの対話篇においては、自然の秩序（ピュシス）と人間の秩序（ノモス）の区別と連関がつねに主題となっており、そこに道徳的実在論の課題と特色が存在している。同じ態度はアリストテレスにも認められるとわれわれは考える。

それに対して、すぐ後で述べるように、自然（事実）と道徳（価値）を明確に分離するのはヒュームに代表される近世・現代の反実在論の思想の特色である。もちろん、そこには、先に紹介したように、ガリレオ、ニュートンによる近世の科学革命による自然観の転換が大きな役割を演じているが、この点については次節で紹介することにしたい。

ここで、アナクサゴラスの自然学的説明に対するソクラテスの失望を、本書におけるわれわれの議論に引きつけて、次のように解釈しておきたい。そこにピュシスとノモスの繋がりが示されている（これは次章以下の大きな考察課題である）。

他の動物の場合と異なり、人間の行為の説明は、われわれの意識がこの世界に見いだす道徳的諸性質（moral properties）を持ち出さないでは成り立たない。たしかに、人間の意識は動物的段階から進化してきたものであり、第三章でくわしく考察するように、言語の成立と発展がわれわれの意識の発達に大きな影響を与えている。この点は、言語をもたない幼児がどのようにして言語を習得していき、それにともないどのように意識が発達していくかという考察を通してある程度推測することが可能であろう。

ともかく、人類は現在のような道徳的性質を含む「自然の世界」(the natural world) に到達したのである。先に、海に沈む夕日を美しいと感じるとき、その美しさは夕日そのものの内にあると捉えていると述べたが、われわれ人間は、自然の世界のうちに美的価値を認め、人々の行為に道徳的価値を覚知する能力を育むことによって、この価値世界の中で各自の生を営んでいる(1)。

この「美」「正義」「勇気」といった美的・道徳的価値はわれわれの心の単なる投影ではない。また、それは社会の人為的な取り決めに尽きるわけではなく、「自然」(この概念をどう解明するかは大きな課題であるが) の内にその基礎をもっているというのが道徳的実在論の主張である。
(3) プラトンの初期対話篇は「正義」「勇気」といった徳目について、そのそれぞれが何であるかを尋ねていくが、そのような徳の追求、徳の規定のこころみはつねに満足できる解答を得ないで終わっている。この点がソクラテスの思想や道徳的実在論を考える場合、きわめて重要である。
ここで、誰もがよく知っている、ソクラテスの「無知の知」の表明を引用しておこう。そこに道徳的価値の実在性が端的に示されているといえる。ソクラテスは世間で智慧があると見なされている人々との問答の結果を次のように告白している(2)。

私は、自分ひとりになったとき、こう考えたのです。この人間より、私は智慧がある。なぜなら、この男も私も、おそらく善美のことがら (καλὸν κ'ἀγαθόν) は、何も知らないらしいけれど、この男は、知らないのに、何か知っているように思っているが、私は、知らないから、そのとおりに、また知らないと思っている。だから、つまりこのちょっとしたことで、私の方が智慧のあることになるらしい。つまり私は、知らないことは、知らないと思う、ただそれだけのことで、まさっているらしいのです。（『ソクラテスの弁明』二一D）

先にアナクサゴラスの自然学へのソクラテスの期待と失望を紹介したが、ソクラテスとソフィストは自然学への失望は同じだとしても、両者の取った態度は根本的に異なっている。ソフィストたちは人間的な問題は自然学では解決しえないということから、ただちに道徳的価値に関してはただ主観的な認識しか成り立たないと考え、「万物の尺度は人間である」という相対主義の道を取ることになった。これは後で取り上げる、現代の反実在論者の態度でもある。

それに対しソクラテスは当時の社会で徳目として認められていた「正義」「勇気」「節制」等に関して、そのそれぞれが何であるかを追及することを通して、われわれ人間はこの「善美のことがら」を何も知ってはいないという「人間の無知」を白日の下に晒し出し、それを通して、逆に「善美のことがら」の実在性を示そうとしたといえる。この視点は道徳的実在論の重要な特徴である。

（4）この点と関連して、道徳的実在論について、指摘しておきたいもうひとつの重要な特徴がある。近世の道徳哲学は行為の原理を求め、それを命題化し、コード化しようとこころみる。たとえば、その事例として、功利主義の「最大多数の最大幸福」の原理を挙げることができよう。もちろん、この原理はきわめて尊敬すべき有益な内容をもち、民主主義の思想と結びついて、十九世紀以降の世界に及ぼした影響は計り知れないものがある。

しかし、道徳原理のコード化はソクラテスやアリストテレスが取った道ではなかった。たしかに、プラトンの初期対話篇は、「勇気とは何か」「正義とは何か」といった探究を行っていくが、しかし、これは道徳原理を命題化しようとする営みであるとは思われない。道徳原理や行為の原理のコード化は道徳的実在論の目標ではない。それは、ソクラテスが哲学の根本問題を「人はいかに生きるべきか」という問いに求めたことに関わってくる。このソクラテスの問いは「最大幸福の原理」や「定言的命法」等のコード化によって答えられるものだとはとうてい考えられないからである。もちろん、そのような道徳原理は「人はいかに生きるべきか」という問いにとって重要である。しかし、ソクラテスの目標と近世哲学における解答の間には大きな落差が存在するのである。

この落差の背景には、近世市民社会やキリスト教といったきわめて多様で複雑な要因が横たわっており、この大問題の考察は本書の射程の外に置かざるをえない。ただ、ソクラテスやアリストテレスが道徳原理のコード化を求めたのではないというわれわれの見解は、ギリシアの道徳的実在論を捉える場合、肝要な点である。

これは実践的知識が関わる問題の複雑さと深さであり、われわれは誰も「最大幸福の原理」を学ぶことによって「人はいかに生きるべきか」が理解できるようになったとはいわないであろう。むしろ、勇気が何であるかを知るためには、勇気ある人々を見習い、われわれ自身が勇気ある人にならなければならない。これがアリストテレスの態度であるが、そこにエートス（人柄、徳）論として展開される道徳的実在論の特色が示されている。(3)

（5）以上に紹介したように、ソクラテスに代表される道徳的実在論の思想は人間の素朴な常識から出発する。人類の歴史を鳥瞰的に振り返ってみても、また現在の世界各地のひとびとの行為や意識を考えてみても、圧倒的に多数のひとびとが実在論的な仕方で各自の生を営んでいる。

しかし、それに対して西欧の近世・現代の道徳思想は反実在論的傾向がきわめて強いといえる。その代表者としてヒュームを取り上げるが、このヒュームの思想の背景には近世科学革命の思想が存在している。現代のヒューム主義者、つまり反実在論者たちの多くが、以下で検討するように、近世自然科学が捉える世界こそが「実在世界」であると信じている。

他方、現代の道徳的実在論者はそのような見解を退ける。自然科学が捉える世界はあくまでも「側面から眺められた位相」であって、人間が生きて行為する世界ではない。われわれは言語を習得することによって概念能力を獲得し、それを通して世界を分節化し、行為をさまざまに評価し、それを遂行する。このように、われわれがその中へと生まれ落ち、その中で生きていく生活空間、つまり、「理由の空間」こそが実在世界であると実在論者は考える。また、この理由の空間を科学的自然の世界へ還元することは不可能である。

それゆえ、現代の道徳的実在論と反実在論の論争にとって近世自然科学をどう捉えるかということが決定的に重要になってくる。そこで、次節で、近世科学の自然観について簡単に紹介しておくことにしよう。

2　近世自然科学の自然像と人間像

（1）生命態的自然観から機械論的自然観へ

ガリレオ、ニュートン等による十七世紀の科学革命は人類の歴史を大きく変えていった。話を哲学思想の領域にかぎるならば、この科学革命によって近世思想が生まれたのであり、われわれはいまなおその思想に支配されている。

周知のように、ギリシア語の「ピュシス（φύσις）」の動詞形は「生まれ、成長する（φύομαι）」という意味をもつが、古代ギリシア人にとって、自然とは「生まれ、成長し、変形するもの」、それ自身が一種の生命をもっているものであった。アリストテレスは自然を「自らのうちに運動原理をもつもの」と定義しているが、この自然は、慣性の法則が適用される自然、つまり、「自らのうちに運動原理をもたない」近世の自然と明確な対照をなしている。

この生命態的自然観においては、「樫の木」や「ニワトリ」等々が、それぞれその本質をもつ実体と考えられ、個々の現象はそれが属する本質によって説明されるのであり、その本質（natura）によって説明されるものが自然（natura）なのである。

ところで、近世の科学者たちが自然現象の説明に向かったとき、彼らは現象の背後にそれを支配するとされる目的因や形相因のような説明原理を立てず、ただ現象相互の関係のみに注目した。すなわち、問題領域を感覚的に経験しうるものの内部にかぎるとともに、ものごとがいかに生起するか（なぜ生起するかではなく）を規定しうるような理論を求めたのである。

そのために、感覚的に経験しうるもののなかで、その変化が単純な度量の変化として規定される性質を選び、それを現象の説明要素とした。重さ、距離、時間、形、等々がそのような量的変化を受け入れる性質であり、これらの性質相互のあいだにどのような関係が成り立つかを実験や観察を通して追求したのである。

その結果発見される法則は、自由落下の法則に示されるように、数学的な関数関係を取ることになる。この関数関係が、すなわち自然法則である。ガリレオは宇宙を書物に喩え、宇宙というわれわれの眼前に開かれている書物は「数学の言葉で書かれている」と記しているが、この隠喩的表現はみごとな仕方で近世科学の本質を示し、ひとびとを科学的実在観へと誘う役割をはたしている。

感覚的に捉えられ、しかも数量的に規定されるものは物質的な諸性質である。自然のいっさいの事柄は、物質的な要因とその法則によって説明されると主張する近世科学は唯物論の形態を取る。また、この自然の法則が因果関係と重ね合わされることによって、それはさらに機械論（mechanism）へと展開する。すなわち、運動法則が時間の経過にしたがって物体の位置を規定していくことと、ある系の先行する状態が後続の状態を決定することが重ね合わされ、この型のもののみが、真の因果関係であると考えられることによって機械論が成立するのである。

こうして自然のあらゆる事象は、時計のような、物質から作られた部分が組み合わされた機械がそうであるように、一定の物質的な構造と必然的な因果法則のもとに運動し変化していく、という機械論的自然観が生まれてくる。そして人間も例外ではなく、人間の行為も含めて世界のいっさいの事柄は自然法則によって因果的に決定されているという決定論に行き着くのである。(4)

(2)「死物世界」

以上の近世自然科学の紹介は、科学史や哲学史の教科書に記されているものである。しかし、この近世科学によってきわめて大きな問題にわれわれは直面することになる。

この科学革命が突きつけた哲学的問題によってその自然観のみならず、人間観が根本的に変わっていく。それは人間生活のあらゆる領域、すなわち、教育、司法、習俗、政治、宗教の領域に及び、われわれが本書で主題とする道徳的実在論と反実在論の論争もそこに淵源が存在するのである。それを次のように述べることができよう。

度量の変化を受け入れる性質としてガリレオは重さ、形、大きさを上げているが、ロックはそれを「第一性質 primary quality」と名づけ、色や匂いや味といった「第二性質 secondary quality」と区別している。

さて、ガリレオは、度量の変化を受け入れる第一性質を通して自然現象の法則性を追求し、周知のように大きな成功を収めてきた。しかし、ガリレオ、デカルト、ロックはそれに止まらず、これらの第一性質は自然そのものがもつ性質であるが、他方、第二性質は自然そのものがもつ性質ではないと考えるのである。これはわれわれの素朴な常識にまったく対立する見解である。

ガリレオの著書『偽金鑑識官』（邦訳五〇二―三頁）から引用してみよう。まず、物質は、第一性質である、形、大きさ、場所、等から切り離して、それを把握することはできないことが指摘されるが、しかし他方、

味や匂いや色彩などは、それらがそこに内在しているかに見える主体（当の事物）の側からみると、たんなる名辞にすぎないのであり、たんに感覚主体のなかにそれらの所在があるにすぎない。

色、味、匂いなどの第二性質は人間の感覚器官が産み出す、主観的なものにすぎず、自然そのものはただ形、大きさ等の第一性質のみを所有する。すなわち、度量の変化を受け入れる「客観的な」性質は同時に実在的な性質であり、度量の変化を受け入れない「主観的な」性質は非実在的な性質であると規定されるのである。

色、味、匂い、等の第二性質が非実在的な性質とされるならば、悲しい、怖い、可笑しいといった感情や感覚の対象も非実在的なものにならざるをえない。また、正しい、誠実である、勇気がある、美しい、等々の価値的性質も非実在的性質になってくる。

この章の冒頭で述べた、「価値は世界のうちに内在するものではなく、人間の心的態度の反映である」という道徳的反実在論の思想は、以上のガリレオのテーゼを源泉として、そこから流れ出た見解である。

（3）自然の再活性化

大森荘蔵はその著『知の構築とその呪縛』において、近世の科学革命の本質を明確に描き、それが現代のわれわれを今なお呪縛していると指摘するとともに、その呪縛から逃れる道として「自然の再活性化」を提唱している。

まず、大森は科学革命の本質を次のように規定する。

現代思想の根底にある十六・七世紀の科学革命、または知的革命の核心は、色、音、匂い等の感覚的性質を人間の主観の中に閉じ込めたことにある。そして「物」をただ幾何学・運動学的にのみ死物的に描写し、その死物世界を「客観世界」としたことにある。（『知の構築とその呪縛』一五二頁）

この科学革命の結果、

人間の「心」は自然世界からはみ出してしまった。……こうして感情も、美的感覚も、道徳感も、すべて個人的主観的なものとしてそれぞれの「内心」に押し込められることになった。この、外なる（肉体を含んでの）死物自然と内なる心の分離隔離、それが近代科学がもたらした現代世界観の基本的枠組なのである。現代のわれわれはこの枠組の中で、愛憎、美醜、善悪、等々を眺め、山川草木を眺め、鳥獣を眺め、テレビやコンピューターを眺め、そしてこの枠組の中で生活しているのである。（前掲書一四頁）

しかし、と大森は言う。「世界全体の徹底的な死物化、その中にエアポケットのようにバラバラに散在する各人の心、この図柄に現代のわれわれは不安をおぼえ始めている。どこかおかしい、と」。

この世界観はおかしいと思う。その源泉はガリレイとデカルトにある。すなわち、客観的事物にはただ幾何学的・運動学的性質のみがあり、色、匂い、音、手触り、といった感覚的性質は人間の主観的印象に属するというガリレイとデカルトのテーゼが問題なのである。

しかし、われわれ現代人、とくに哲学者たちは、ガリレイやデカルトが構築した迷路の中に入り込んでいる。しかも、ヒュームがきわめて強力にこの枠組みを補強し、この迷路の舗装を行った。

3　ヒュームの遺産――反実在論の系譜

（1）理性と感性の分離

「外なる死物自然」と「内なる心」の分離隔離という枠組みの中で、愛憎、美醜、善悪、等々を眺めるという図柄は、人間の心や道徳の現象を正しく捉えるものではない。換言すれば、色、音、匂い等の感覚的性質や美醜、善悪の価値を人間の主観の中に閉じこめるべきではないとわれわれは考える。しかし、近世の科学革命をうけて、この枠組みを強力に説得的に形成していったのはヒュームである。

ここで、現代の反実在論の思想の源泉と見なされる『道徳原理の研究』の核心部分を引用してみよう。

理性と感受性（taste）の明確な境界とその働きは容易に規定される。理性は真偽が問題になる知識を伝え、感受性は美と醜、徳と悪徳の感情を与える。理性は付加したり削除することなしに、ありのままの現実の対象を発見するが、感受性は産出能力を有し、内的感情から借用した染料でもって自然的対象を金メッキし、染色し、いわば新しい創作を行うのである。（『道徳原理の研究』一六三頁、邦訳一六六頁）

周知のように、デカルトの方法的懐疑によって、思考する我、つまり、精神（主観）とその対象である物体（客観）が区別されていくが、ヒュームはこの精神の機能をさらに理性（知性）と感性（感受性）に二元論的に分離する。

理性は冷静かつ傍観的であって、ありのままの対象を発見し、その意味で、「真偽が問題になる」知識を与える。それに対して、道徳的感受性は「美と醜、徳と悪徳の感情」を与える。すなわち、感受性は「産出能力を有し、内的感情から借用した染料でもって自然的対象」を染色して、行為をうながす動機を形成するのである。

ここで、感受性が「自然的対象を染色する」とヒュームが語っている事態を説明しておこう。たとえば、残酷な殺人行為において、悪と呼ぶ事実をそこに発見できるであろうかとヒュームは尋ねる。だが、対象世界を問題にしているかぎり、悪をそこで捉えることは決してできないだろう。悪なる性質を見出すことができるのは、考察をわれわれ自身の心に向けなおし、その行為に対したときに心に生じてくる、否定の感情を見出すときである。要するに、「悪」という表現で表される事態は実在世界の特性ではなく、心的態度の反映だというのである。(5)

このようにヒュームは、精神を理性と感受性という二つの機能に区別し、それによって事実と価値とを分離しようとする。価値判断とはわれわれが自然的対象を染色することを通して形成する「新しい創造」であり、価値判断を事実判断から導出することはできない。これがヒュームの基本的見解である。

しかし、ヒュームが「自然的対象」や「事実」という概念をどのように捉えているかを明確にする必要があろう。右の用法では「残酷な行為」は自然的対象のカテゴリーの中に入れられ、価値概念としては、「善」「悪」、「正」「不正」が典型的な事例として上げられている。だが、「残酷な行為」「慈悲深い行為」「勇気ある行為」は価値を含んでいないだろうか。価値と事実の境界はどこにあるのだろうか。この問題は次章以下、とくに第四章でくわしく扱うことにしたい。

(2) 情緒主義

「善」「悪」、「正」「不正」という表現で表される事態は実在世界の特性ではないというヒュームの見解は、二十世紀のエアーの著書『言語、真理、論理』において、より明解に、かつより単純化されたかたちで表明されている。

エアーによれば、倫理学の仕事は倫理的表現の分析にあるが、その際、従来暗黙のうちに認められてきた「道徳判断の機能は記述にある」という記述主義の前提に立つならば、解決不可能な困難に陥ることになる。

そのような前提のもとでは、当然、「道徳判断は何を記述するのか」と問われることになり、それに対する回答として、

(イ) 自然的事態の記述であるという説(自然主義)と、

(ロ) 非‐自然的事態(超‐自然的事態)の記述であるという説(直覚主義)が考えられる。

この前者の（イ）自然主義はさらに
①主観主義（subjectivism）と
②客観主義、つまり功利主義（utilitarianism）に分けられる。
他方、
（ロ）直覚主義の見解として、ムーアによって主張された一種のプラトニズムが考えられる。

（1）さて、エアーによれば、自然主義は、主観主義的な形態も、また客観主義的な形態もともに間違っている。エアーの両者に対する批判はほぼ同じであり、ここでは、客観主義、つまり功利主義（utilitarianism）に対する批判を取り上げることにしよう。

「最大多数の最大幸福」の原理を主張する功利主義は、「善」を「幸福」の概念を通して定義し、「幸福」を「快」の概念によって定義しようとする。そこに功利主義が自然主義である所以があり、「善」の概念は自然的概念である「快」の概念によって定義されることになる。しかし、エアーはこの定義は成立しないと指摘する。その理由はあっけないほど単純である。「xは快であるが、しかしxは善ではない」と主張することになんら自己矛盾はなく、われわれは「快ははたして善であろうか」と尋ねることができるからである。したがって、「快」による「善」の定義は成立しないとエアーは主張する。

もう少し説明を補足しておこう。功利主義が「自然主義的誤謬」を犯しているという指摘はムーアによってなされた有名な議論であり、その要点を次のように示すことができる。功利主義者によれば、何かが望ましいということを証明できる唯一の証拠は、人々がそれを望んでいるということにある。したがって、幸福がなぜ望ましいかという理由は、すべての人が各自の幸福を望んでいるということになる。しかし、それに対してムーアは「望ましい（desirable）」ということと「望まれている（desired）」「欲求されている」ということは同じではないと主張する。すべての人が快を欲求するからといって、そこから快が望ましいもの、善いものということは帰結しないからである。これがムーアが示した「自然主義的誤謬（natulalistic fallacy）」の議論である。(6) エアーの議論はそれを踏まえているといえよう。

（2）次に、エアーは「道徳的判断は非‐自然的事態の記述である」という見解を取り上げる。道徳的性質が非‐自然的性質であると考える場合、われわれはどのようにして道徳的真理へ至ることができるかを説明しなければならない。非‐自然主義者が採用する知識論は、ムーアにおいて示されているように、「われわれは非‐自然的な道徳的性質を直覚するのだ」という直覚主義（intuitionism）の見解を取る。これは、要するに、非‐自然的性質である道徳的性質を自然的性質に類似のものとする見解である。つまり、功利主義が「快」という対象的な自然的性質を「善」と規定したように、対象的な非‐自然的性質を「善」と規定する見解である。

さて、自然主義とは異なり、直覚主義においては、直覚されるものは経験的に取り出される「快」といった概念ではなく、善を直覚するということになる。だが、直覚された判断が相矛盾するとき、そのいずれが正しい直覚であるのかを決定する方法を直覚主義は提示してはいないし、その提示が可能であるとも思われない。したがって、エアーは直覚主義においては、その道徳的判断は検証不可能であると主張する。すなわち、直覚主義は有意味な主張と見なすことはできないと診断するのである。

（3）このように、自然主義を取っても、非‐自然主義を取っても、「善」や「正義」を規定するこころみは挫折してしまう。その原因は「道徳判断の機能は記述にある」とする記述主義の前提にある。それゆえ、エアーは「道徳的判断は非‐記述的である」と指摘し、道徳判断は記述ではなく、話し手の「態度の表明」であることを強調する。

倫理的表現が命題にあらわれることはその命題の事実的な内容に何ものをもつけ加えない。たとえば、私が誰かに「君があの金を盗んだのは悪いことだった」と言うとき、私は単に「君があの金を盗んだ」という場合以上の何ごとも述べてはいないのである。「…は悪いことだった」という言葉を付け加えることによって、……私はただ私がその盗むという行為を道徳的に非難していることを示しているにすぎない。（『言語、真理、論理』一四二頁、邦訳一二九―一三〇頁）

価値判断は事実について述べるものではなく、真偽が問題になる命題ではない。それゆえ、このような判断については「知識」ということは問題にならず、判断を下している人は自己の主観的な道徳的感情を表明しているにすぎない。このエアーの立場を「情緒主義（emotivism）」と呼ぶとすれば、この情緒主義は非認知主義であり、道徳的判断に対応する道徳的事実は存在しないという意味で「反実在論」と呼ぶことができるであろう。

この非認知主義、反実在論は二十世紀の英米の道徳哲学を圧倒的なかたちで支配してきた。ただ、情緒主義が最初に提示されたときには、その内容は、以上の紹介のように、きわめて単純明解なものであったが、その後、反実在論、非認知主義は分化して行くとともにより洗練されていき、今日の英米の反実在論、非認知主義の潮流を形成しているといえる。

ここで、非認知主義、反実在論の特徴を箇条的に記しておこう。(7)

①まず、価値を内在的な価値（intrinsic value）と手段的な価値（instrumental value）に分けるとすれば、非認知主義者によって否定されているのは内在的（本質的）な価値の客観性であって、手段的な価値の客観性が否定されているわけではない。たとえば、ある社会の平均寿命を延ばすという目的（価値）が設定された場合に、その目的を実現する手段としていかなる方法が優れているかといった問題については、それは真偽が問える「事実問題」であると非認知主義者も認めている。

②「盗みは悪である」「姦通は悪である」といった内在的な価値判断であっても、その判断がある社会がもっている内在的価値に関する報告である場合、それはその社会の価値に関する経験的な事実判断であって、真偽が問題になる判断である。

③非認知主義者は内在的な価値が存在しないといっているわけではない。「盗みは悪である」という内在的価値についての判断は事実によって真なる判断として確証されないと主張しているのである。それは「主観的な判断」であり、道徳的態度の表明であって、真偽が問題となる、客観的判断ではないと主張しているのである。

(3)『論理哲学論考』の思想

ところで、エアーは『言語、真理、論理』の序文において、彼の見解はラッセルやウィトゲンシュタインの学説に由来するものであり、それらはヒュームの見解の帰結であると述べている。たしかに、ウィトゲンシュタインの『論理哲学論考』には、真偽が問題になる命題と価値に関わる文章のあざやかな対比を読みとることができる。

四・〇一　命題は現実の像である。
四・一　命題は事態の存立および非存立を表出する。
四・〇〇一　命題の総体が言語である。
四・一一　真なる命題の総体が全自然科学である。
六・四　あらゆる命題は等価値である。

六・四一　世界の中にはいかなる価値もない。……価値が存在するのならば、それは一切の出来事や状態の外にあるのでなければならない。

六・四二　それ故また、倫理学の命題は存在しえない。

六・四二一　倫理学は超越論的である。

しかし、『論理哲学論考』には、情緒主義の単純明快な世界像には収まらない見解が示されている。それが「世界の限界としての主観」についての見解であり、カントに代表される近世合理主義の系譜につながる思想である。

五・六三二　主観は世界に属していない。それは世界の限界である。

五・六三一　もし私が「私の見出した世界」という本を書くとすれば、そこでは当然私の肉体についても報告がなされ、また肉体のどの部分が意志に従い、どの部分が従わないか、などについても語られるであろう。すなわち、これは主観を孤立させる方法、というよりむしろ、ある重要な意味において主観は存在しないことを示す方法なのである。

五・六四一　哲学的な自我は人間でも、人間の身体でも、心理学の扱う人間の霊魂でもなく、形而上学的な主観であり、世界の――一部ではなく――限界である。

五・六　私の言語の限界が、私の世界の限界を意味する。

五・六二　独我論が言わんとすることは全く正しい。

五・六四　独我論が徹底されれば純然たる実在論に帰着することが分かる。独我論の自我は延長を持たない一点に収縮し、残るのはこれと相関する実在だけとなる。

情緒主義は道徳的判断は道徳的感情、道徳的態度の表明であると主張し、ヒュームの経験論を受け継いでいる。ところで、道徳的感情の主体、つまり、主観をヒュームは実体とは認めず、心は「観念の束」であると規定する。二十世紀の情緒主義もこのヒュームを受け継ぎ、経験的な実証主義・現象主義の態度を一貫して示している。

それに対して、上のウィトゲンシュタインからの引用の後半においては、カント的な超越論的主観主義が強く示されている。しかし、これも科学革命の結果成立してきた思想である。すなわち、ガリレオの機械論的自然観に対して、その自然を捉えるわれわれはどのように位置づけられるかという根本問題が当然生じてくるが、デカルトの「疑う我」「思考する我」はこの機械論的自然に対峙するものである。

以上のように、『言語、真理、論理』と『論理哲学論考』は事実と価値の分離という点においては同じ立場を取っているが、「我」「主観」の把握が根本的に異なっており、両著の価値、倫理に対する精神的態度は異質のものであるといわなければならない。単純化していえば、前者はヒュームに代表されるイギリス経験論の帰結であり、後者はカントによって典型的に示された大陸合理主義を象徴している。しかしながら、両者は、ともに科学革命の結果として成立してきた思想であるといえる。

「実在」「自我」「言語」といった概念に注目しよう。実在とは、近世自然科学の対象として数量的に規定される分子や原子の離合集散する世界であり、我、精神とはその実在に対峙し、それを把握する知性である。そして、言語とは実在を写す命題の集合であり、知性の相関者と見なされている。われわれは本書において、このような「実在」「自我」「言語」についての見解を徹底的に批判し、それとは根本的に異なる実在観、言語観、主体観を提示し、道徳的実在論を擁護したいと考える。

第二章　道徳的実在論の基層（一）——知覚の対象

現代の道徳的反実在論の源泉はヒュームの心の哲学にあるが、その背景にはガリレオ、デカルト、ニュートンによる近世科学革命が存在する。前章で指摘したように、この科学思想によれば、数量的に規定される重さ、距離、時間、等々の性質のあいだに成り立つ関数関係が自然法則であり、この自然法則の対象が分子や原子の離合集散する客観的な実在世界である。

実在世界がこのように、きわめて限定的に規定されるならば、この世界から追放され、締め出される多くの作用や性質が生じてくる。第一に、考える、思い出す、意図するといった意識作用が排除され、次に、色、音、匂い等の第二性質が追放され、さらには本書の主題である、善悪、美醜、勇気、誠実といった道徳的性質、価値的性質が締め出されることになる。そしてそのような反実在論的立場を取ったとき、それらの性質をどのように説明するかが大きな哲学的課題になってくる。(1)

さて、われわれはこの道徳的反実在論を批判し、実在論を擁護するために、まず、「実在」概念をどのように把握すべきかを明確にする必要がある。そのために、本章で取り上げるのは、色や匂い等の第二性質である。

ひとびとは、日常生活において、ポストや彼岸花が赤いと語り、色をポストや彼岸花といった対象に帰して疑うことはない。しかし、近世の科学革命はこの第二性質を実在世界から追放し、それを「心」に帰属させた。ガリレオや現代のヒューム主義者にとって、「赤い」という性質は心の中の観念や知覚像に属するのであり、対象的事物に属するものではありえない。この第二性質の帰属の問題は「実在」をどのように把握すべきかという課題にひとつの方向性を与え、道徳的実在論と反実在論の論争の核心部分を形成するといえる。(2)

本章では、知覚の対象をめぐる問題として、道徳的反実在論者が色をどのような意味で「心」に帰属させており、そこにどのような問題点があるかを検討する。この考察によって反実在論の「実在」概念を批判し、つづく第三章において、自然言語の特性を通してわれわれが抱く実在観を具体的に提示したいと考える。

1　主観的性質——相対性からの議論

ジョン・マッキーの『倫理学』は道徳についての広い視野と明快な哲学的議論によって今日のイ

ギリス道徳哲学の議論の土台を築いたということができる。(3)

「正・不正を創造する（inventing right and wrong）」というこの著の副題が示唆するように、道徳的反実在論の立場が明確に表明され、とくに「価値は世界という建造物（the fabric of the world）の一部ではない」という論を展開した第一章「価値の主観性」は実在論的傾向をもつ人々から反論を呼び起こし、今日の道徳哲学における、実在論・反実在論の論争の火付け役を果たしてきた。

マッキーは自己の立場を価値についての「懐疑主義」と呼んでいるが、しかし、道徳的ニヒリズムを唱えているのではなく、また正義と不正、勇気と臆病、あるいは美と醜の区別が成り立たないといっているわけでもない。道徳現象としてそのような区別があることを認めている。しかし、価値の現象論と存在論とを区別するのである。価値現象をこの世界において承認し、その意義を認めるが、価値を実在者としてこの世界に容認しないのである。

「彼女の発言は勇気ある行為だ」と語るとき、勇気という特性は彼女の発言行為において示されており、それはこの対象世界に存在するとわれわれは素朴に信じている。しかし、マッキーは「このわれわれの常識は誤謬を犯している」と主張する。勇気といった特性はこの世界には存在せず、道徳的価値、美的価値は実在的性質ではない。これがマッキーの誤謬説（error theory）である。(4)

勇気、臆病、不正、美、醜、等の性質はいずれも客観的性質ではなく、主観的性質であるとされる。では、マッキーは「主観的性質（subjective properties）」ないし「主観性」をどのように規定するのであろうか。しかし、『倫理学』においてはこの表現に対する明確な定義は与えられてはいない。ただ、第一章第七節におけるマッキーの叙述から「主観的性質」を次のように捉えていると解釈することができる。

ある対象が、しかるべき状況において感性的存在者に対してどのように働きかけるかということを通してしかその性質を規定できない場合、それは「主観的性質」である。(5)

このように、主観的性質は感性的主体の感受性と相関的に規定される。それゆえ、道徳的価値であれ美的価値であれ、価値は主観的性質であり、感性的主体が存在しない世界においては主観的性質は存在しないことになる。

だが、どうして価値は世界の内に存在する性質ではないのだろうか。その理由として「相対性からの議論」(the argument from relativity) が提示される。

古代ギリシアの道徳慣習と近世市民社会の道徳慣習は異なっている。また教育勅語に示された価値観と日本国憲法、教育基本法に示された価値観には大きな相違がある。それゆえ、ある行為をどう評価するかに関して、この双方の見解は異なってくるだろう。その際、相矛盾するいずれの見解も真であるということは不可能であるし、またどちらが正しいかの規準を取り出すことはむずかしい。それに対して、対象の形が丸いかどうか、またその長さが何センチであるかといった問題に関しては、明確な規準が存在するといえる。

とするならば、われわれの価値判断は実在的な価値を覚知したものではなく、それぞれの異なる生活慣習を反映していると考えた方が、事態をよりよく説明できるのではあるまいか。これがマッキーの見解である。このように、時代や社会制度的環境の相違によって、われわれの価値観は異なってくるというのがマッキーの「相対性からの議論」のひとつの論点である。

しかし、現在、違った文脈における、その価値判断が異なっているということは、それらの価値判断が論争、対話を通して収束して行く可能性を否定するものではないだろう。たとえば、かつて「奴隷制は悪ではない」という見解が支配していた時代が存在した。しかし、今日、その見解を維持することはむずかしくなっている。このように文脈の違いにおける価値判断の相違は、ただちに価値が実在的ではないという証拠にはならないように思われる。

だが、マッキーの「相対性からの議論」には、もうひとつの論点が含まれている。それは、先に主観的性質を規定する際、中核になった特性、すなわち、価値は感性的能力をもつ存在者の感知能力と相関的に規定されるという特性である。たとえば、「自然は芸術を模倣する」という言葉が示唆するように、われわれはターナーの絵画に親しむことによって、自然がターナーのように見えてくる。それと同様に、感知能力に相関的に価値的事象が認められると言うことができるように思われる。

さて、「相対性」の概念がこのように感知能力との「相関性」として把握され、それを通して

「主観的性質」の概念が規定されるならば、主観的性質とは美的価値や道徳的価値に固有のものではなく、その典型的な事例は、色、音、匂いといったいわゆる第二性質において現れてくる。先にマッキーの「誤謬論」を紹介したが、彼が誤謬論を唱える場合の、その理由の核心部分はこの第二性質の特質にあるように思われる。

色はそれを感知する感覚器官に相関的に規定される性質であり、これらの第二性質は、形や重さといった第一性質とは異なり、感性的存在者に対してどのように働きかけるかということを通してしかその特性を規定することができない。それゆえ、それは主観的性質であり、世界に内在するものの客観的性質ではないとされるのである。

しかし、このように文脈における相対性から相関性へと拡張され、主観的性質が色のような第二性質にまで拡大されて、「色は世界という建造物の一部ではない」という主張になるならば、この主張に対して素朴な、しかし強い疑念が生じてくる。ポストや彼岸花の色が世界に存在しないというどのような根拠があるのだろうか。

それに対して、マッキーは色表現の用法と色の事実分析とは区別すべきであると指摘する。

ロバート・ボイルとジョン・ロックは色を「第二性質」と呼んだ。その意味は、物質的事物に生じる色は、単に対象の表面の微粒子の配列や運動のパターンによって成り立っているということである。……

しかしまた「第二性質」ということの意味は、われわれが見るような色は、物質的事物の表面に属しているわけではないということでもある。……色に関する素朴実在論は、われわれの前科学的な色の概念や色を表す言葉の慣習的な意味についての正しい分析であるかもしれない。……しかし、素朴実在論の分析は、色の地位について正しい説明にはならないだろう。（『倫理学』一九頁、邦訳一五頁）

ボイルやロックはガリレオ以降の科学的実在論を取っているが、マッキーは、その見解を継承し、色に関する素朴実在論の見解は色の身分について正しい説明を与えるものではないと主張する。われわれは「ポストが丸い」と語るのと同様に「ポストが赤い」と語り、第一性質と第二性質に関して同様な仕方でその真偽を問題にする。それに対して、ロックやマッキーは、色のような第二性質は対象に属する実在的性質ではないと主張するのである。

しかし、そこにはどのような根拠があるのだろうか。

2　「内的スクリーン」説の問題点

先の「主観性」の定義によれば、色のような第二性質はたしかに主観的性質ということになる。われわれのような感覚器官をもつ存在者がこの世界に存在しなかったとするならば、色は存在しなかったであろう。しかし現に、世界とわれわれは存在している。その場合、第二性質の相関性のゆえに、どうして色は世界に内在しないということになるのだろうか。マッキーは「色は物質的事物の表面に属しているわけではない」という。たしかに、分子や原子といった微粒子が赤い色をもっているということはできない。しかし、日常的対象であるポストや彼岸花がどうして赤い色をもっているとはいえないのであろうか。色はどうして「実在的」ではないということになるのだろうか。

この問いは、道徳的実在論と反実在論の論争をめぐるわれわれの考察にとって、「実在」概念に関する重要な論点を示唆している。

われわれは普通、赤いという性質はポストがもっている性質、ポストや彼岸花に帰属する性質であると考えている。ポストや彼岸花は赤いと素朴に信じている。

ところが、デカルトは方法的懐疑を通して、このような素朴実在論、直接知覚説が誤りであるという立場を明確に提示した。そしてそれ以後、近世哲学において素朴実在論は退けられ、現在においてもデカルト的二元論(ないしその変形であると解釈できる心脳一元論)の立場が優勢であるように思われる。まずデカルトの見解を『省察』から引用してみよう。私が知覚し、感覚する直接の対象が次のように取り出されている。

いま私は光を見、騒音を聞き、熱を感じる。これらは虚偽である、私は眠っているのだから、といえるかもしれない。けれども私は、確かに見ると思い、聞くと思い、熱を感じると思っているのである。これは虚偽ではありえない。これこそ本来、私において感覚すると呼ばれているところのものである。(『省察二』邦訳二四九頁)

われわれの直接の知覚対象は、ポストや彼岸花といった対象の性質ではなく、心の中の観念、つまり知覚像である。心という「内的スクリーン」に立ち現れる知覚像、感覚与件を直接知覚しているのだという見解が取られるようになってくる。

この見解は、二十世紀の知覚理論において、錯覚論法(the argument from illusion)、すなわち、蜃気楼とか、ミューラー・リエルの錯視といった錯覚現象を手がかりにした議論を通して次のように展開されている。

水が半分入ったコップに真っ直ぐな割り箸を入れると箸は曲がって見える。あるいは、同じ長さの平行な直線の、一方の両端に外向きの鰭をつけ、他方に内向き鰭をつけると、二つの直線の長さが違って見える(ミューラー・リエルの錯視)。このような錯覚現象は、それがいかにありありと見えていても、その体験に対応する外的事態は存在しない。それゆえ、その体験の対象は心の中にのみ存在するものと考えざるをえないであろう。しかしまた、われわれはこのような錯覚体験と正常な知覚との間に、知覚体験としての相違をなんら認めることはできず、それゆえ、誤った判断をしてしまうのである。したがって、正常な知覚の場合においても、知覚の直接の対象はものの性質ではなく、心という内的スクリーンに立ち現れた知覚像、感覚与件であると考えられることになる。

これが錯覚論法であり、知覚の直接の対象は心に立ち現れる知覚像であって、外的対象ではないと主張されることになる。

さて、ロックやマッキーは、現象主義的一元論ではなく、二元論を取っており、観念や知覚像を心の直接の対象とした上で、これらの観念や知覚像は外的事物からの因果的な働きかけによって生じてくる「心的表象」であると考える。また、この知覚の因果説は「観念や知覚像は（心に直接現前しない）外的事物の記号である」という「代表説」（representation theory）の形態を取ることになる。

以上のような見解に基づき、ロックは、第二性質である色は心のうちにのみ存在する観念であり、第一性質である形は、たんに心の内だけではなく、物体に属する性質であると考える。

しかし、周知のように、この代表説には大きな難点が存在する。その点を指摘することを通して、われわれが支持する素朴実在論（直接知覚説）への道筋をつけることをこころみてみよう。

①色は、先の「主観性」の定義によれば、主観的性質であり、客観的性質ではない。

②それに対して、形のような第一性質は、「感性的、知覚的状態を引き起こす傾向性（dispositions）を通して以外の仕方で規定できる性質」として捉えられるものであり、客観的性質であると押さえられる。

③さて、色についての知覚経験（観念）と形の知覚経験（観念）は同様な仕方で対象表示的内容（representational content）をもっており、われわれは「向こうに丸い、赤いポストがある」

と語るが、その点において、色と形の相違はないといえる。

④ところが、ロックとマッキーは、上の②から、第一性質の観念（丸いという形の観念）は知覚的特性と、対象に帰属する客観的性質の両方をもっているが、それに対して色は主観的性質であり、実在的ではなく、世界の構成要素ではないと考えるのである。

⑤では、彼らはこの見解をどのようにして正当化するのであろうか。第一性質の観念（形の観念）について、観念と対象の「類似性」（resemblance）の概念に訴える仕方で、それを説明しようとするのである。すなわち、第一性質に関しては、この「類似性」の概念によって、経験された事態から②で規定されるような客観的性質へ移行し、それは、ものそのものがもつ実在的な性質であるとされる。他方、第二性質（色）は心にのみ存在する性質であり、実在的性質ではないと規定されるのである。しかしながら、この文脈において、「類似性」の概念がはたして正しく機能するであろうか。

⑥まず、観念（知覚像）しか与えられていないとすれば、その観念は、われわれが直接把握不可能な原型（物の性質）を十全に表現している（つまり、原型に類似している）とどうしていえるのだろうか。すなわち、われわれはただ観念、つまり写しを見るだけであるから、その写しが直接経験することのない原型を写している（原型に類似している）ということはできないはずである。

⑦たしかに、ロックやマッキーが主張するように、第一性質は第二性質とは異なっている。第一性質は知覚的性質（主観的性質）の他に客観的性質をもっているのであり、われわれはその点を

否定することはできない。しかし、両者の相違を「類似」の概念に訴えて説明することは不可能であろう。すなわち、知覚体験としては本質的に区別のない観念（表象）を用いることによって、その対象表示的内容（の構造）の相違を説明することは不可能なのである。

したがって、われわれは第一性質と第二性質の相違を、観念から出発することによって説明するのではなく、対象がもつ現れ方、すなわち、それが「現象的な、主観的な仕方でのみ規定される性質（色の場合）なのか、それともそれ以外の仕方でも（つまり、科学的性質として）規定される性質なのか」の相違として規定すべきなのである。

⑧だが、この⑦の論点を認めるならば、マッキーの主張の実質的な内容は「第二性質は現象的・主観的性質であるが、第一性質は知覚的・現象的性質であるとともに、自然科学の記述にも用いられる客観的性質である」ということになり、第二性質がポストや彼岸花といった外的対象の性質ではない、ということは帰結しないことになろう(6)。

それゆえ、第二性質の経験を、われわれが遭遇する対象が真に所有する性質についての知覚意識として捉えることを否定するものは何もないことになる。対象が一般に赤くあるということは特定の状況で誰かに赤く見えるということからは独立である。第二性質の知覚経験は対象の性質の経験であり、志向的経験なのである。

3　経験の選言的構造——内的世界と外的世界

（1）以上に示したように、「類似性」の概念を通して第一性質と第二性質の区別を主張するロックの代表説には大きな難点が存在する。しかし、にもかかわらず、「知覚の直接の対象は心という内的スクリーンに立ち現れる観念や知覚像である」という見解は現在にいたるまでいぜん支配的であるように思われる。

さて、ここで、この第二章でのわれわれの課題について振り返っておきたい。われわれの目的は、たんにロックやマッキーの知覚の代表説を退け、素朴実在論（直接知覚説）を擁護することではない。代表説の背景にある「実在」観を取り出し、その問題点を指摘することが狙いなのである。

ごく簡単に図式化していえば、マッキーの代表説においては、一方に第一性質によって規定される分子や原子の離合集散する外的世界・実在世界が存在する。他方、「赤い」といった第二性質は外的対象の性質ではなく、心という「内的スクリーン」において立ち現れてくる観念（知覚像、感覚与件）に属する性質であると把握されることになる。したがって、先に引用した、「私は、確かに見ると思い、聞くと思い、熱を感じると思っているのである。これは虚偽ではありえない」というデカルトの主張や錯覚論法が示しているように、われわれの心（意識）に直接与えられる観念（知覚像）についての知識が知識の出発点であり、基盤であると考えられているのである。

しかし、ここで本書の「序論」において、われわれが指摘した外的世界・実在世界と知覚の関係について振り返ってみよう。われわれ人間は動物とは異なり、自然言語を習得することを通して、「赤」を「紫」や「ピンク」から区別することができるようになり、分節化した色の世界に関わることができるようになる。それゆえ、知識を問題にする場合、まず、どのような対象に「赤い」という表現を適用することが正しく、どのような場合に誤っているかを習得し、そのような言語規則を前提してはじめて、真偽が問える知識が問題になるのである。その意味において、(内的世界であれ、外的世界であれ)世界を分節化する自然言語の習得が、世界成立の、また知識の成立の基盤であるというのがわれわれの基本的見解である。次章においてこの見解をくわしく解明するが、以上の指摘からすでに明らかなように、われわれの目指す方向は、方法的懐疑や錯覚論法を駆使して「心(意識)に直接与えられる観念(知覚像)についての知識が知の基盤である」と考えるひとびとの見解とは大きく異なっている。

デカルトの方法的懐疑以来、ロックやマッキーの見解が示しているように、「知の直接の対象は観念や知覚像である」という基本的前提が多くの哲学者によって取られることになった。その結果、近世・現代哲学において、観念(知覚像、感覚与件)を超える「外界の存在」や「他人の心の存在」が哲学的な大問題になってきたのは当然の帰結である。(7) 逆に言えば、外界の存在証明が、カントやムーアのような近世、現代の代表的な哲学者たちによって繰り返えしこころみられている事実は、「知の直接の対象は観念・知覚像である」という見解がいかに強くひとびとを支配していたかの証拠であるといえよう。

（2）Ｍ・ハイデッガーはこの近世哲学が陥っている呪縛を次のように診断している。

「外的世界」が事物的に存在しているという事実やそれがいかなる仕方で存在するかを証明すべきではなく、なぜ世界内存在としての現存在が、まず、「外的世界」を認識論的に否定してしまい、それからまた改めてそれを証明しようとする傾向をもっているかが提示さるべきなのである。（『存在と時間』二〇六頁、邦訳三五〇頁）

われわれはここで、ハイデッガーとは異なるが、以上で示してきたロックやマッキーに対する批判を、多少視点を変えて、提示することによってわれわれの見解をより明確なものにしておきたい。古典学者Ｍ・Ｆ・バーニェトによれば、古代の懐疑論者たちはわれわれが世界の内にあることを疑うことはなかったという。(8) 外的世界全体が存在するかどうかを疑うことはなかった。彼らが疑ったのは、世界内の事柄についてわれわれが知識をもちうるかどうかということであった。

また、さらにより重要な点は、古代のひとびとにとっては「真理」「知識」といった概念は世界における対象や事態がどうあるかということに関わるものであって、事物や事態が私にどう〈現れているか〉ということは真偽が問題になることでも、それについて知識が問われる事柄でもなかったということである。

ところが、近世になって、デカルトの方法的懐疑が導入され、私の意識に直接立ち現れる観念の世界がまさに確実に知り得る事実の領域に組み入れられることになってきたのである。私は古代の知識に関する見解の方が健全な見方であると考える。それゆえ、その考え方に沿って、知覚の問題を捉えてみることにしよう。

水が半分入ったコップに真っ直ぐな割り箸を入れると箸は曲がって見える。ここで、われわれは、対象としての箸の実際の性質と箸の単なる見え（現れ）とを区別する。私にとっての対象の現れの把握、つまり内的世界の把握は、実在（外的世界）を正しく捉えているか、それとも単なる見えにすぎないのか、そのいずれかである。

そこで、そのどちらであるかを判定するために、現れている対象をさらに調べてみる。その対象である箸をコップから取り出し、それが曲がっているか、真っ直ぐかを調べてみる。その際、私が調べる世界は知覚世界、内的世界である。しかし、それは外的世界に直接繋がっている。やはり対象としての箸は真っ直ぐであったと私は確認するのである。

また、私が「向こうに赤い郵便車が見える」と語り、相手が「その車は本当に郵便車か、それは宅配便の車ではないのか」と尋ねるならば、それを確かめるために当の対象に近づいてみる。このような仕方で私は私の内的世界を探究するが、この過程で登場してくるさらなる事態は、外的世界から独立なものではなく、内的世界は外的世界に浸透し、外的世界は内的世界に浸透している。したがって、この内的世界についての知が外的世界を正しく捉えているかどうか、つまり向こうの対象が「郵便車か、あるいはそうではないか」という二つの選言肢のいずれが正しいかを（何らかの理由で）最終的に確証できないということが仮に生じたとしても、われわれは世界を喪失するということにはならないのである。

その理由は簡単である。われわれが知識を問題にする場合、すでに対象世界に届いているのであり、その対象や事態がどうあるかを問題にしているのである（なお、この問題については第三章の第2節でくわしく考察する）。

では、近世哲学はどうして世界喪失の危険に晒されるのであろうか。その事情を次のように説明することができるだろう。

先に、古代のひとびとにとっては、対象が私にどう〈現れているか〉ということは真偽が問題になることでも、それについて知識が問われる事柄でもなかったと述べた。しかし、デカルトの方法的懐疑に始まり、現代のエアー等が用いる錯覚論法に至るまで、「意識に直接与えられたものに関しては誤りえない」という見解が取られ、それが知識の原点と捉えられることになったのである。コギトー（cogito）や感覚与件は確実であり、この知覚像や感覚与件は正しい知覚と錯覚に共通する所与であり、それについては疑うことが不可能な、確実な知であるとされるようになったのである。

そして重要な点は、

この新しく導入された知的能力が誤り得ない仕方でアクセスできるものの外に内的世界、内的領域についての事実は存在しない。

という見解が取られたことである。(9)

錯覚論法によって、体験の主体と世界との間にインターフェースとしての内的世界(感覚与件、知覚像)が挿入されることになる。このようにして、正常な知覚と錯覚に共通する要素(highest common factor)として、知覚像・感覚与件が心という内的スクリーンに立ち現れる、という見解が取られることになったである。

その結果、対象や事態についての先の二つの選言肢、すなわち、対象が「私に現れているように事実あるか、それとも単なる現れにすぎないか」の相違として捉えられてきたものは、もはや外的事物が内的世界において現れる相違ではなくなり、その相違を決定するものは内的世界から完全に超越した外的世界に位置づけられることになる。つまり、二つの選言肢に共通な事態からまったく独立の事実に依存することになる。

そうなれば、内的世界と外的世界はもはや相互に浸透しあうものではなく、内的世界から外的世界への通路はなく(内的スクリーンの向こう側へと至る通路はなく)、内的世界は外的実在から完全に独立に立てられることになる。内的世界が外的世界の現れとして、選言的構造として捉えられるのではなく、われわれは世界との接触を完全に絶たれてしまい、外界の存在証明や他人の心の証明をこころみようとしてももう手遅れなのである。

したがって、われわれは、意識の主体と世界の間の深淵をどのように架橋するかを模索するのではなく、そのような深淵をもたらすような心や志向性の把握、すなわち、体験の主体と世界の間にインターフェースを入れる見解（すなわち、highest common factor として知覚像・感覚与件を入れる見解）を退け、われわれの経験を選言的構造として把握する必要がある。


ここで、本章の考察を振り返っておこう。道徳的反実在論者であるマッキーは「価値は世界という建造物（the fabric of the world）の一部ではない」と主張する。その理由は、価値が主観的性質だということにあるが、その際、「主観的性質」は、それが感性的存在者にどう働きかけるかということを通してしか規定できない性質として規定される。しかし、「主観的性質」の概念をこのように規定するならば、色や匂いといった第二性質も主観的性質であり、世界という建造物の一部ではないということになる。事実、マッキーは、ロックと同様、代表説を取り、色や匂いは心という内的スクリーンにのみ登場する性質であると主張し、素朴実在論（直接知覚説）を退けるのである。

それを次のように述べることもできよう。分子や原子は色をもたないが、ポストや彼岸花は色をもつとわれわれは信じている。だが、われわれの常識は誤謬を犯しているのであり、ポストや彼岸花は分子や原子から構成されており、それゆえに、自然的対象としてのポストや彼岸花は色をもたず、色はわれわれの心という内的スクリーンにのみ登場するのだというのがマッキーの見解である。

ここで問題になるのは、「自然的対象」という概念である。それを第一性質によってのみ規定される分子や原子等の対象とするならば、それはもちろん色をもたないことになる。しかし、それに対して、日本語や英語といった自然言語を通して捉えられるポストや彼岸花を「自然的対象」と捉えるならば、ポストや彼岸花は色をもつことになるであろう。その場合、前者の科学言語による世界把握は自然的対象を「側面から眺めた位相」であって、そのような位相においては、ポストや彼岸花といった区別や、人間や他のさまざまな動物の間の区別、要するに、われわれの自然言語によって成立する区別が消滅していくことになる。それはまさに「死物世界」である。

しかし、そのような「死物世界」を実在世界として認めなければならない決定的な根拠は存在しないとわれわれは考える。この第二章において、われわれはマッキーやロックの代表説を批判することを通して、色、音、匂い、等の感覚的性質を自然世界から追放して、人間の主観の中に閉じこめる根拠が存在しないことを明らかにした。それゆえ、われわれが日本語という自然言語を通して分節化していく「自然的対象世界」を実在性から切り離す根拠は何ら存在しないのである。

以上において、価値の実在性を論じるための予備的考察として、知覚の対象との関係で「実在性」の概念を考察した。次に、自然言語をめぐる問題を検討することにしよう。

第三章　道徳的実在論の基層（二）
――自然言語と実践的知識の優位

前章に引き続き、道徳的実在論と反実在論の「実在」概念を考察していきたい。

（1）すでに指摘したように、道徳的反実在論者は色のような第二性質や価値的性質を感性的主体の感受性に相関的な「主観的性質」として規定する。この「主観的（subjective）」という形容詞は、科学的知識に適用される「客観的（objective）」という表現と対照的に使用され、「恣意的」「相対的」「個人的」という意味をもっている。

このように、道徳的反実在論は「価値と事実」、「人為（ノモス）と自然（ピュシス）」、「心と物」といった二元論的対立に根ざす思想であることをわれわれは指摘してきた。すなわち、自然科学が関わる客観的事実に対して、価値は心の領域に属する主観的事象として二元論的に捉えられるのである。

だが、翻って考えるならば、「自然科学のみが実在を捉え、真理を表している」とする動かしがたい根拠があるわけではない。ある状況におけるひとびとの行為を真に勇気ある行為として賞賛するとき、あるいはまた「バッハのマタイ受難曲は受難曲のなかで最も優れた作品である」といった価値判断が表明されるとき、われわれはそれを「判断者の感情の表出」にすぎないとはたして言うだろうか。むしろ、その判断が正しいかどうかを検討しようとするのではあるまいか。「実在」や「真理」という概念をそのように捉える方向があり、それはまさに「言語（ロゴス）のうちに真理」を求めるソクラテスが取った道であるとわれわれは考える。

（2）本章においては、道徳的反実在論の基盤を批判し、実在論に向けてのわれわれの基本的態度を示すために、道徳的実在論が依拠する日本語、英語といった自然言語の特性を取り出すことにしたい。自然言語とはひとびとがその中に生まれ、生きていく言語であるが、幼児が自然言語を学び、「ロゴスをもつ動物」になるとはどのような能力を習得することなのだろうか。

英米の二十世紀の哲学はよく「言語論的転回（linguistic turn）」として捉えられるが、その前半においては、形式論理学に示されるような「理想言語」に集中し、「自然言語」の知識や実践的知識に充分な注意が払われてこなかった。その結果、言語の機能が「コミュニケーションの手段」、「思考の乗り物」といった仕方でしか把握されず、言語のもっとも重要な機能が見失われ、実在把握もゆがめられていたように思われる。（1）

言語はたんに観念や思想を記録したり、自分の思いを他人へと運ぶ伝達手段ではない。自然言語は何よりも対象世界を分節化し形成する手段なのであり、世界は言語能力の習得を介してわれわれに立ち現れてくる。このように、言語を通して、人為（ノモス）と自然（ピュシス）が結びつき、多様な行為の世界や価値の世界が成り立つのであり、「実在世界」とはロゴスをもつ動物にとってのみ存在する世界である。

（3）また、「言語を話すということはある活動の、またはある生活形式の一部である」（『哲学探究』一—二三）という言葉が示唆しているように、言語を習得しそれを具体的文脈において使うことができるということは実践的知識であり、この知識がわれわれの行為を成り立たせるとともに事実的な知識の基盤でもある。(2)

ところで、「主観」あるいは「主観的」という概念が認識論や存在論の中心概念となってくるのはデカルトの方法的懐疑に始まる近世哲学においてであるが、デカルトの主著『省察』では、マッキーのような道徳的反実在論者が強調する用法とは異なり、「主観性」「主体性」の積極的な意味が強調されている。その点をまず確認することによって、これらの概念についてのわれわれの考察を開始しよう。

1 「主‐客」分離

（1）デカルトは近世自然科学の知識を基礎づけるため、方法的懐疑を通して、少しでも疑うことの可能なものは積極的に疑いの渦の中に入れていき、どうしても疑いえない確実な知識を捉えようとする。

まず、太陽や星のような遠くのものについての知識を疑い、次に自分の身体といった近くのものを疑っていき、すべてを疑いの渦の中に投げ入れ、確実なものは何もないという結論に到達する。しかし、本当に確実なものは何もないのだろうか。そうではない。このようにすべてを疑っている「疑う我」「思考する我」はもはや疑うことができない。それゆえ、世界の存在すべてを疑っていって、この「我」の存在を確認したということは、比喩的に言えば、「思考する我」が世界連関の内から飛び出したということである。この我が「主観」といわれるものであり、この「主観」が「明晰・判明」に把握するものがまさに主観の「対‐象」(object) として、「客観的なもの (objective)」なもの、実在的なものと規定されることになる。(3)

（2）ところで、「主観（性）」の概念が中心概念として新しい意味をもつようになってくるのは近世哲学においてであり、古代・中世の意味や用法は近世とは異なっていた。この言葉の原語はラテン語の‘subjectum’であり、文法学や論理学における「主語」という意味で用いられ、「述語」

と対概念をなしていた。

「SはPである」という文において、さまざまな述語Pが述語づけられるところの対象が'subjectum'であり、その動詞形'subjicere'「下におく」に基づき、「根底におかれたもの・根底にあるもの」を意味する。アリストテレスの術語で言えば、基体（ヒュポケイメノン ὑποκείμενον）であり、「ソクラテス」や「この机」のようにさまざまな述語を受け入れるが、それ自身は決して述語にならないもの、もっとも対象的なものがsubjectumである。それゆえ、それはもともと「意識」や「精神」といった意味をもってはいなかった。

他方、'objectum'とは「事物がわれわれに対して投げかける（obicio）性質」を意味しており、主語がわれわれに現れてくるさまざまな相貌がobjectumである。たとえば、「この机は茶色であり、光沢がある」という文において、「茶色である」「光沢がある」という述語に対応するものがobjectumなのであり、したがって、'subjectum'と'objectum'の古代・中世の用法は近世・現代の用法とは逆転していたといえる。

（3）このように、古代や中世のsubjectumとは基体であって、心的なものであれ、物体的なものであれ、一切のものに等しく適用できるものであった。ところが、近世においては、subjectumは「人間」や「精神」のみを指すようになってくる。「人間」が特別の意味で「基体」になってくる。

すなわち、世界の対象が主体・主観に対するものとして、この主観によって、その存在性、実在性が保証されるという関係が生まれてきたのである。これがデカルトによる方法的懐疑の意味するところであり、さらにそれをより明確にしたのがカントの「コペルニクス的転回」であるといえる。人間の意識が、さまざまな事物からなる世界の中で、特別な意味での subjectum になり、この「主観」が「明晰判明に」把握するかぎりで、主観の「対象」として真理が捉えられ、実在が把握されることになる。

(4) なお、ここで同時に強調しておきたいのは、この「主観と客観」というダイナミックな思考体制に、精神と物体（心と物）という二元論的対立関係がしばしば重ね合わされてきたという事実である。われわれはそこに大きな問題点があると考える。しかも、デカルト自身がそのような態度を取っているのである。すなわち、〈思考〉という在り方のみを本質的属性とする精神（心）という実体と、他方、科学的認識の対象として数量的に規定される〈延長〉を本質とする物体を区別し、分離する見解である。

だが、このように心と物を世界の中に存在する、まったく異質の二つの存在者として固定化して把握するならば、心身二元論をめぐる、周知のさまざまな難問が生じてくることになる。しかも、その上、この重ね合わせによって、デカルトやカントが示した真理や実在を探究していこうとする能動的で、主体的な「主観」の概念はその意義が大幅に減じられてしまうことになる。(4)

(5) マッキーに代表される道徳的反実在論は、このような硬直した二元論的文脈の中に位置づけられるように思われる。すなわち、近世自然科学が捉える物理世界のみが客観的な実在であり、それ以外の第二性質や価値はすべて「主観的な現象」にすぎないという前提が取られることになる。われわれは、以下において、この見解を批判的に検討していくことにする。

第2節では、科学言語が前提する「客観性」の概念に対して、自然言語において認められる「客観性」の意味を取りだし、第3節で、この自然言語の内に示される実在概念の視点から近世自然科学の「客観性」を「実在性」と捉える見解を批判したい。

2　二つの「客観性」

(1) 二つの「客観性」

ここで、前章で問題にした道徳的反実在論者マッキーの「主観性」と「客観性」の概念規定を振り返り、それとは異なる意味での「客観性」を導入することにしよう。

①ある対象が、しかるべき状況において感性的存在者に対してどのように働きかけるかということを通してしかその性質を規定できない場合、それは主観的である（主観的性質（1））。

②ある対象が、感性的存在者に対してどのように働きかけるかということから独立にその性質を規定できる場合、それは客観的である（客観的性質（1））。

ここでの「客観的性質（1）」とは、数量的に規定できる形、重さといった第一性質のことである。この①と②の規定から次の③が導出できるが、この見解の背景には、さらに④の考えが前提されている。

③「主観的性質（1）」は客観的（1）ではありえない、つまり非客観的である。

④世界すなわち実在は「客観的（非主観的）性質（1）」によって完全に規定される。

以上の①〜④の見解の採否が道徳的反実在論を取るか実在論を取るかの分岐点になってくる。右の規定を受け入れるならば、色、音、匂い等の第二性質や美的価値、道徳的価値はすべて「主観的」ということになり、自然科学が捉える世界のみが客観的な実在であるということになる。この見解によれば、十七世紀の科学革命以前においては、客観的知識や実在の把握は成立していなかったということになろう。

しかし、以上の見解に対して、われわれは日本語や英語といった自然言語の習得を通して開かれてくる世界認識がより基本的なものであると考える。自然科学による実在把握は、自然言語の習得を通して開かれてくる世界をいわば「側面から眺めるもの」に過ぎない。もちろん、このわれわれの見解を説得的に展開するためには多くの議論が必要である。そこで、この章の以下において、われわれはどうしてこのような見解をとるか、その概略を示すことにしよう。

「客観性（1）」とは数量的に規定される第一性質に属する特性であるが、ひとびとが普通、「客観的 objective」という表現を使用する場合、「誰もが承認するもの」という意味で用いており、「実在的」という表現とほぼ同じ意味で使用しているように思われる。たとえば、「向こうの家の角に赤いポストがある」という判断や「バッハはリストより偉大な作曲家である」という判断を客観的な判断であるというとき、その判断の正しさは誰もが確証できると主張しているのである。

もっとも、前者の判断内容については、日本語を理解でき、その現場にいる者であれば、文字通り誰でも確証できるものであるが、後者の判断については、音楽についてのある程度の造詣があり、バッハやリストの作品を知っている者でなければならない。そしてこの点に関連して、たとえば、「勇気」や「謙虚さ」といった道徳的概念について、「誰もが確証できる」ということをどのように理解するかはきわめて大きな問題である。(5)われわれは、第四章以降において、その点を解明したいと考えているが、一応、その問題点は残した上で、右の用法を「客観性（2）」と呼び、それを次のように規定しよう（なお、くわしい説明は（4）「収束の概念」を参照）。

「客観的（2）判断」とは、誰もがその正しさ（それが真であること）を確証することができる判断である。

まず、「赤」「怖い」「勇気」は上の①で定義した意味で主観的性質（1）である。だが、この主観的性質（1）はまた客観的（2）判断に登場しうる性質である。すなわち、「目の前の彼岸花は赤い」という判断は、この意味において、客観的（2）判断であるといえる。

しかし、この「目の前の彼岸花は赤い」という判断が真であるためには、条件が存在する。まず、もしこの世界に視覚能力をもつ者が存在しないとすれば、そのような真理は存在しないことになろう。第二に視覚能力をもつ者が存在したとしても、犬や猫あるいは幼児にとっては、「目の前の彼岸花が赤い」という命題によって表現される真理は存在しないといわなければならない。「真理」や「実在」は言語能力をもつ人間にとってのみ開かれているのである。そこで、この言語能力と「真理」や「実在」概念の関係をもう少し検討してみよう。

（2）理論的知識と実践的知識

アリストテレスは広い意味での人間の知的活動を「観る」「為す」「創る」という動詞にあわせて三つの部門に区別している。すなわち、自然学や数学といった理論的知識、道徳や政治学のような実践的知識、それに詩や悲劇といった創造的知識の三つである。この伝統はカントに至るまで受け継がれ、周知のように、カントはこれら三つのタイプの知を扱った三つの批判書を著している。

さて、ここで、理論的知識と実践的知識に注目することにしたい。近世科学の成立以降、理論的知識の圧倒的な優位の下で二十世紀のはじめまで知識論は展開されてきた。第一章で現代の道徳的反実在論の代表としてエアーの『言語・真理・論理』を紹介したが、そこで知識として認められているのは理論的知識であり、この知識は要素命題で表現される知識から構成されるという原子論的前提が取られている。また、エアーがモデルとするウィトゲンシュタインの『論理哲学論考』では、言語の本質が世界を写す「写像」として規定されている。もう一度関係する部分を引用してみよう。

三・二〇二　命題の中で適用されている単純記号は名と呼ばれる。
三・二〇三　名は対象を意味する。対象が名の意味である。
四・〇一　命題は現実の像である。
四・〇〇一　命題の総体が言語である。

言語は真偽が問題になる命題の総体であり、命題はそれ以上分析されない要素命題からの真理関数であると捉えられる。この要素命題は名の結合から成立しており、名は対象を意味し、対象が名の意味であるとされる。そしてこの要素命題に対応するものが「実在」として押さえられるのである。このような『論理哲学論考』の写像理論の中に、アリストテレスの実践的知識が独自のカテゴリーとして位置づけられる余地はない。

エアーは要素命題として感覚与件命題を考えているが、『論理哲学論考』では要素命題の具体例は示されていない。しかし、『論理哲学論考』においては、名を対象にとどかせ、それによって名に意味を与える前言語的な精神作用が前提されていたように思われる。写像理論の成立の背景には、すなわち、理論的知識が成立する背景には、そのような超越論的な意識作用が前提されていた。それを前提しないでは要素命題は成立せず、理論的知識が成り立たないのである[6]。

さて、一九三〇年代初頭のウィトゲンシュタインは、この『論理哲学論考』において前提されていた超越論的な意識作用や、名の意味としての「対象」に批判の目を向けていったと解釈することができる。

「言語と現実」との結合は、言葉の説明によってもたらされる。これは語学（文法）（Sprach-lehre）に属することであり、したがって、言語はそれだけで完結したものとして、自律性を保ちうる。（『哲学的文法』五五）

ウィトゲンシュタインの過渡期の思想は、この「言語の自律性（Autonomie der Sprache）」をめぐって展開する。前期の思想からぬけだし、後期の言語ゲームの思想に向かうことを可能にしたのは「言語の自律性」の洞察であった。われわれが指定する規則から独立に意味そのものを立てることが徹底して拒否されるのである。

では、この「言語の自律性」という考えに導いたものは何であろうか。ウィトゲンシュタインは一九三二年七月、ワイスマンに対してほぼ次のように語っている。すなわち、『論理哲学論考』を書いたときには、「言語と現実との結合」というものが存在すると考えていたが、それは直示的説明の機能を十分理解していなかったためであった。だが、直示的説明による「言語と現実との結合」とみえるものは、実はすべて文法に属することであり、直示的説明は言語の内部にとどまるものである、と。(7)

したがって、この直示的説明、直示的定義の機能の新たな把握によって、「言語の自律性」の思想が確立されていったと捉えることができよう。

『論理哲学論考』における「名の意味とは対象である」といった規定の仕方を退け、過渡期のウィトゲンシュタインは「言葉の意味とは意味の説明が説明するところのものである」といった回りくどい規定の仕方を取るようになる。では、「意味の説明」は何を説明するのであろうか。それは、一言でいえば、言葉の「用法」である。名の意味とは「対象」であるという『論理哲学論考』の思想から、「意味とは用法である」という視点へと大きく転換していくのである（『哲学探究』一―四三）。

それを、やや強引に図式的に表現するならば、『論理哲学論考』の写像的な知識の成立の背景に、言葉の教授と学習を介して成立していく、言葉の使用という実践的能力、実践的知識の存在が自覚されるようになってきたということができよう。この点をもう少しくわしく見ておきたい。

（3）自然言語の習得

デカルトの『省察』において子供は登場しない。また『論理哲学論考』においても、幼児がどのように母語を習得するかはまったく問題になっていない。超越論的哲学にとって生成論は射程外のことがらなのである。しかし、過渡期のウィトゲンシュタインにとって、言語の教授と学習が言語の意味の解明にとって重要な主題になってくる。直示的定義の問題が繰り返し取り上げられることになる。(8)

「落葉樹」という言葉を辞書で引くと「秋の末になると葉が落ち、春になるとまた新しい芽を吹く樹木」と説明されている。このようにある言葉を別の言葉によって説明する方法を「釈義的定義」(verbal definition) と呼ぶとすれば、この釈義的定義は言語を知らない幼児にとっては何ら機能をはたさないし、また「意味とは何か」を解明する手がかりも与えない。

幼児に言葉を教える際、われわれはポストや彼岸花を指で直接指し示し、その際、「これは〈赤〉である」と発語するといった仕方で、直示的に言葉を教示する。言葉の「意味」の解明のためには、この直示的説明の機能の考察が重要である。しかし従来、それが次のように単純化され、誤解されてきた。

ある語の直示的説明がまずあって、そこからその語に関する他の文法的諸規則が出てくるのが当然のように見えるかもしれない。なぜといって、直示的説明、たとえば、「これが〈赤〉である」ということが、「赤」という語の意味を規定するのだから。(『哲学的文法』二四)

「これ」として指し示された赤のサンプルから、「赤」という言葉の意味や用法が自動的に出てくるといった単純化をわれわれは行ってしまう。しかし、それは母語を習得することと、母語を学んだ後で外国語を学習するという、まったくレベルの違う二つの営みを混同することである（『哲学探究』一―三二）。

では、幼児は自分がそこへと生まれ落ちてきた自然言語をどのように習得していくのであろうか。子供たちが「赤い」という言葉を学ぶとき、その構造は複雑である。まず、子供たちが習得するのは、薬品のビンにラベルを張り付けるような仕方で、すでに同定された対象を命名することを学ぶのではない。ロックはその抽象理論において、前言語的な抽象作用による抽象観念の形成のレベルと、それを名前によって命名するレベルを区別しているが、これは言語の習得、意味の生成についての根本的な誤解である。(9)

ここで、虹の色を取り上げてみよう。虹は空中に浮遊する細かい水の粒子が太陽光線を分光したものであるから、波長の長い赤からもっとも短い紫まで、色の違う光線が連続的に展開しているはずである。このように、物理的には連続的に存在する対象を、日本語では七つの区別された色に分節化し、英語では六色、ショナ語では三色に分節化している。言語によって色の分節化の仕方は異なるのである。(10)

それゆえ、「赤い」という言葉を学ぶとは、どのような色を「赤い」と呼ぶか、つまり、「赤い」という言葉が「紫」や「ピンク」という言葉とどのように異なった仕方で使用されるかを学ぶことである。「対象と記号」との関係ではなく、「記号と記号との差異の体系」を習得することを通して、色の世界の分節化が習得されていく。

いま「赤い」という色の表現について述べたが、幼児は色の言葉を学習する過程において、「もの」の名前や「数」の名前、さらには「場所」を表す表現との関係づけも習得していく。すなわち、それぞれの言葉が属するカテゴリーはきわめて多様であり、「赤い」という言葉の習得は「紫」や「ピンク」という表現との適用の相違の習得であるとともに、それはカテゴリーを異にするさまざまな表現の用法の習得を伴っている。

この習得がいかに複雑であるかということをウィトゲンシュタインは『哲学探究』の第一節でみごとな仕方で描いている。

私が誰かを買い物にやる。彼に「赤いリンゴ五つ」という記号の書いてある紙片を渡す。彼がその紙片を商人のところに持っていくと、商人は「リンゴ」と記された箱をあけ、ついで目録の中から「赤い」という語を探し出して、それに対応している色見本を見つける。それから彼は基数の系列——それを彼は諳んじていると仮定する——を「五」という語まで口に出し、それぞれの数を口に出すたびにサンプルの色をしたリンゴを一つずつ箱から取り出す。このように、あるいはこれと似た仕方で、人は言葉を操るのである。

ここで、「リンゴ」というものの名、「赤い」という色の名前、そして「五つ」という数詞の使い方、適用の仕方がいかに異なっているかが示されている。日本語という自然言語を習得するということは、このようなきわめて複雑で多様な言葉の用法を習得するということであり、その習得を通して世界が分節化されていく。

（4）収束の概念

さて、「ポストは赤い」「彼岸花は赤い」という命題が客観的な知識を表しているとはどのようなことであろうか。「ポストは赤い」「彼岸花は赤い」と語ることにおいて、ひとびとの判断は収斂し、一致するようになる。ポストを「赤い」とは言わない子供は色盲か、あるいは何かの異常が存在しているのである。このような判断の収束性が、「ポストが赤い」「彼岸花が赤い」が客観的事実を表すことの規準を形成していく(11)。

しかし、判断の「収束」とは多くの判断が一致し、収斂することであるが、他方、「客観」とは'objectio'、つまり、「われわれの精神の対象である」という意味が含まれている。また、「われわれの判断から独立にそこに存在する」という意味を含意する。とすれば、「判断の収束」がどうしてそのような「客観」を形成するのであろうか。

ここで、算術の判断の事例が手がかりになるかもしれない。われわれは「5＋7は12である」を客観的な判断だという。それは数の操作の習得を通して、子供たちの判断が収束し、収斂するようになるからである。子供たちの数についての判断がまったくてんでバラバラということになれば、算術は成立しないであろう。基数を学ぶ子供たちにとって「5＋7は12である」という判断は収束していき、「5＋7は12である」と考えざるをえなくなる。この収束性を通して、「ある」ことと「あると思われる」ことの区別が成立してくるのであり、それが、われわれの個々の判断の営みからの「独立性」と「対象性」の根拠になっているように思われる。

同様に、「ポストが赤い」という判断の収束性が成り立つのは、その判断が事実を表現しているからだとわれわれは考えるが、しかし、それと同時に、逆に「ポストが赤い」という事実の根拠はわれわれの判断の収束性にある、ということができるのではあるまいか。

判断や体験は、それが何かについての判断や体験であるという「対象志向性」と、その対象は判断や体験から独立であるという「独立性」の特徴をもっている。そして、これらの特徴は判断の収束性と密接に関わっている。この事情をウィトゲンシュタインは次のように表現している。

> かりに人びとがものの色について、一般に一致するのではないとするならば、またその不一致が生じる場合が例外的なものでないとするならば、……われわれのもっている色の概念は存在しないだろう。（『断片』三五一）

言語による意志疎通のためには定義における一致だけではなく、（非常に奇妙に響くかもしれ

ないが）判断における一致が必要である。（『哲学探究』一―二四三）

このウィトゲンシュタインの言葉を正確に理解することはむずかしい。しかし、この難解さはまさに「収束性」の概念の複雑さを示している。われわれは赤いもの、「赤い」という言葉に対して、他の人びとと同じように反応している。この反応の一致は、ある意味で、偶然的（contingent）な事実である。しかし、この事実なくしては、われわれが同じ規則に従うということが成立しないのであり、したがって、規則というものが成立しないのである（この事態のくわしい説明は第四章第2節を参照）。

言語の成立、概念の成立の基盤になっているのは、諸定義の一致だけではなく、われわれの諸反応の一致である。「言語ゲームの根底になっているのはある種の視覚ではなく、われわれの営む行為こそそれなのである」（『確実性の問題』二〇四）。

われわれは、この収束性を通して「客観性」を規定することにより、赤、怖い、勇気といった主観的性質を受け入れる「実在性」に至る道が開かれてくると考える。

それに対して、マッキーに代表される現代の道徳的反実在論者にとっては、「主観」と「客観」の相互浸透といった見方は存在していない。また、この節で提示したような、生成論的に言語を捉える視点はまったく存在していないように思われる。したがって、「主観」と「客観」はきわめてスタティックなかたちで二元論的に分離されることになる。マッキーの場合、まず「人間的（主観的）要素」が追放された自然科学的存在が、「非主観性（1）」の概念を通して「客観性（1）」として規定され、それによって「実在性（1）」が規定されることになる。われわれの見解と対比して、その道筋を図示すれば次のようになろう。

（A）（道徳的反実在論）　非主観性 ⇩ 客観性（1） ⇩ 実在性（1）
（B）（道徳的実在論）　収束性 ⇩ 客観性（2） ⇩ 実在性（2）

（A）の反実在論と（B）の実在論では、「客観性」に盛り込む内容がまったく異なっている。われわれは先に説明してきたように、「収束性」を通して「実在性」を規定しようとするが、他方、それに対して、道徳的反実在論者は近世自然科学という枠組みの中で、数量化できる第一性質のみを客観的な性質として実在世界のうちに認め、第二性質や道徳的価値はこの実在世界から追放するのである。

では、第二性質や道徳的価値はどのように位置づけられるのであろうか。われわれが擁護する実在論の立場では、色や匂いといった第二性質や道徳的価値は始めから世界のうちに位置づけられている。しかし、マッキーのような道徳的反実在論者にとっては、第二性質や価値的性質と物理的自然とは二元論的に扱わざるをえない。くわしい考察は次章にゆずるが、そこには大きな難点があるとわれわれは考える。(12)

（1）ここで、この節で扱ってきた「主観性」と「客観性」の関係をより広い視野から眺めてみよう。第1節で指摘したように、デカルトは『省察』で近世科学の基礎づけを行っている。すなわち、「コギトー」によって確立された「精神・主観」が明晰・判明に把握するかぎりで、それを「主観」の「対象」として、「客観」として認めていくという態度である。知性が浸透するかぎりで、知性の対象として実在世界を承認するという立場が示されている。また、「認識が対象にしたがうのではなく、対象が認識にしたがう」というカントの「コペルニクス的転回」はその方向をより明確に示しているといえよう。

（2）われわれは、この節において、過渡期以降のウィトゲンシュタインの哲学を紹介してきたが、対象の「実在性」を問題にするにあたって、「主観性」を尊重する点では、ウィトゲンシュタインも、デカルトやカントと大きく隔たってはいない。ただし、「主観性」の内容が根本的に異なってくる。

「言語ゲームの根底になっているのはある種の視覚ではなく、われわれの営む行為こそそれなのである」という言葉はその核心を示している。近世的な合理的知性によって捉えられる存在が「実在」なのではない。言語ゲームを究極において支えているのは理性的な根拠ではなく、ひとびとの非理性的な反応の一致にある。これがデカルトやカントの「近世主観性」に代えてわれわれが提示しようとする見解である。晩年のウィトゲンシュタインには、次のような断片がある。

この際私は人間を動物として考察したいのである。すなわち本能はあるが推理の働きは認められないような原始的な存在として、原始の状態における生物として考察したい。原始的な意志疎通の手段として役立つ論理でさえあれば、われわれがそれを恥じるには及ばない。言語は推理から生じたものではないのだ。(『確実性の問題』四七五)

このように、言語ゲームの根底に動物としての人間を想定し、その振る舞いの延長線上に自然言語の習得が成立すると考えられている。そして、たびたび強調してきたように、また以下においてくわしく見るように、この自然言語において「実在」世界が示されてくるのである。

(3)他方、マッキーに代表される反実在論にとって、この章の始めに指摘したように、「主観的」という形容詞は、「客観的」「実在的」に対立する「恣意的」「相対的」「個人的」という意味で用いられ、美的価値も道徳的価値も個人主観的なものとして、「内なる心」に帰属させられることになる。道徳的反実在論は、「外なる死物自然」と「内なる心」の分離隔離というスタティックな二元論的枠組みの中で人間の道徳現象を捉えているといえる。

(5)「世界像」の概念と実在性

マッキーは、道徳的価値がこの世界に存在するという見解を「誤謬説」と名づけているが、しかし、そうなると、科学革命以前の古代ギリシアや中世の哲学者たちはすべて誤謬を犯していたことになるだけではなく、近世自然科学の信奉者以外のすべてのひとびとは誤謬を犯していることになる。

それに対して、われわれは、実在が自然科学の言語を通して捉えられるという見解を退ける。自然科学による世界把握はいわば「側面から眺められた位相」にすぎない。そうではなく、日本語や英語といった自然言語を通して、実在は漠然とであるが示されていると考える。ここで、日本語という自然言語を考えてみよう。日本語は奈良時代、平安時代、江戸時代等々を経て、その間、さまざまな改修作業、増設作業が行われて現在に至っている。この日本語をO・ノイラートが提唱した比喩である「ノイラートの船」に喩えることができよう。われわれはこの日本語という船からいったん下船して、ドックに入れて解体、改修工事をすることはできない。改修作業をするとしたら、海上で行うほかはない。(13)

この日本語は「呼ぶ」「挨拶する」「支払う」「売る」「買う」「雇う」等々のさまざまな行為を分類する表現を含んでいる。さらに「愛する」「憎む」「悲しむ」「怒る」等々の意識状態を表す表現、また「勇気がある」「残酷な」「正しい」等の価値表現を含んでおり、それらの概念は、いわば「伝統の貯蔵庫（repository of tradition）」(14)であり、「何が何の理由とされるか」についての示唆を含む「理由の空間」がそこに示されている。

日本に生まれた幼児は、日本語という自然言語を直示的な仕方で教授され、徐々に日本語という言語空間の中へと導かれて（initiation）いく。なお、われわれはサピアとウォーフの名と結びつけられる「言語相対仮説」に与しているわけではない。そこで、日本語のみならず、英語や中国語といった他の自然言語にも共通する「実在」や「世界」の概念について考えてみよう。

ウィトゲンシュタインは最晩年の『確実性の問題』において、ムーアが論文「外界の証明」で確実な知識として証明しようとした命題の身分について考察している。[15] その命題とは、

「ここに手がある」
「私の身体が存在する」
「物理的対象が存在する」
「私は目を閉じても、対象は消え去らない」
「大地は私の誕生するはるか以前から存在していた」

といった命題であり、以下これを「ムーア命題」と呼ぶことにしよう。ムーアは「これらの命題が真であることを知っている」と主張しているが、ウィトゲンシュタインはこのムーアの見解を次のように診断している。

私はこう言いたい。ムーアは、彼が知っていると主張することを実は知っているのではない。ただ、それはムーアにとって、私にとってと同様、ゆるがぬ真理なのである。それを不動の真理

と見なすことが、われわれの疑問と探究の方向を定めているのである。（『確実性の問題』一五二）

「私は目を閉じても、対象は消え去らない」とか「大地は私の誕生するはるか以前から存在していた」といった事実は、われわれの知識の対象ではなく、知識の基盤である。それらはわれわれにとって確実な、ゆるがぬ真理であり、その基盤の上で、われわれは疑問を発し、探究し、知の主張をし、それに反論するといった営みをなしているのである。

われわれが「誤りえぬもの」として受け入れる経験的知識や信念の体系的枠組みをさだめるような命題と、その体系の中で真偽が問われる普通の経験命題とを区別する必要がある。

ムーア命題は「世界像（Weltbild）を記述する命題」として捉えられ、これらの「命題は、われわれが営む言語ゲームの体系全体の基礎にあたるもの」とされる。すなわち、われわれの言語ゲームの中で、沈殿、凝固していき、不動の信念としてわれわれの経験の固い河床となったものがムーア命題で表されている世界像であるということになる。また、この世界像の確かさを保証するものはデカルトのコギトーでもなければ、カントの先天的総合判断と結びつく超越論的統覚といった認識能力でもない。

私にとってゆるがぬ真理を表現する命題は、私があからさまに学んだものではない。コマ状に運動する物体の回転軸を知る場合と同じに、私はそれをあとから発見することができる。この軸はほかのものに固定されているから動かないのではない。それを不動とするのはこの軸をめぐる運動そのものである。(『確実性の問題』九六)

われわれは本書の基本的な態度として、言語(ロゴス)をもつ動物にとってのみ「真理」や「実在」が問題になってくるということを主張し、さらに、その言語の知とは理論的な知識ではなく、具体的な文脈における言葉の適用の能力であり、実践的な知識であることを強調してきた。それに対して、自然科学によって把握される「実在」概念にとって、言語の知識はなんの関係ももっていない。「実在」は自然言語とはまったく関係なく、存在しているのである。

さて、ここで確認しておきたいのは、自然言語の習得を通して、漠然とではあれ、「実在」概念が示されるという場合、このムーア命題が示す「実在」の身分の問題である。

(1)それは自然科学が捉える「実在」とは根本的に異なるものであり、より根源的なものであるとわれわれは考える。

(2)また、「私にとってゆるがぬ真理を表現する命題は、私があからさまに学んだものではない」と述べられているように、このムーア命題それ自身は直示的教示を通して学ばれるわけではない。たとえば、「私は目を閉じても、対象は消え去らない」とか「大地は私の誕生するはるか以前から存在していた」といった命題は、自然言語の習得を通して、その確実性、根源性が浮かび上がってくるような真理なのである。個々の言語ゲームの根拠や条件ではなく、われわれの経験全体の基盤がこのムーア命題を通して示されているのであり、ウィトゲンシュタインはそれを「世界像（Weltbild）」（『確実性の問題』九四）という言葉で表している。

（3）この世界像を構成するムーア命題は、ある意味で、われわれの経験が成立するためのアプリオリな原理であり、カントの先天的総合判断に比すべき身分をもつものである。しかし、カントの超越論的哲学と決定的に異なるのは、その確実性や普遍性はわれわれの認識能力といったものに基づくのではないという点である。(16)「この軸はほかのものに固定されているから動かないのではない。それを不動とするのはこの軸をめぐる運動そのものである。」

（4）また、この世界像には、時間的な、歴史的な視点も導入されなければならない。

私の世界像は、私がその正しさを納得したから私のものになったわけではない。私が現にその正しさを確信しているという理由で、それが私の世界像であるわけでもない。これは伝統として受け継いだ背景であり、私が真と偽とを区別するのもこれに拠ってのことなのである。（『確実性の問題』九四）

晩年のウィトゲンシュタインには実在論を示唆する多くの節が存在する。

われわれが何事かを信じるようになるとき、信じるのは個々の命題ではなくて、命題の体系で

ある。（理解の光は次第に全体へひろがる）。（『確実性の問題』一四一）

（5）このように、自然言語の内に示される世界像は「揺るがぬ真理」であり、われわれの経験を根底において制約する、いわばアプリオリな生活世界の真理であるといえる。もちろん、ここでわれわれはまだ価値の問題を扱ってはいない。しかし、美的価値や道徳的価値はこのような「揺るがぬ真理」としての「世界像」の内に位置づけられるとわれわれは考える。以上において指摘した自然言語の内に示される「世界像」を、野家啓一のすぐれた表現を借用して、確認しておこう。「生活世界のアプリオリはそのつど歴史的・具体的でありつつも、一切の経験を構造的に制約するという意味で、知的活動の普遍的な〈意味基底〉を形作る、作動しつつある開かれたアプリオリなのである」（『科学の解釈学』一〇〇頁）[17]。

3　二つの「実在」観

古代ギリシア以来、ひとびとは単なる現れや現象と真なる実在とを区別しようと努めてきた。夢まぼろしや絵空事ではなく、真に存在する実在を求めてきた。

ここでこの章の議論を、前章からの考察をも視野に入れつつ、その基本的な論点を振り返るとともに、「実在」観をめぐる二つの異なる方向を確認しておきたい。

（1）「盗みは悪い」という道徳的判断は真偽が問われ、知識が問題になる判断ではなく、われわれの心的態度の表出である。これが現在、英米の道徳哲学を支配している反実在論の主張であるが、その淵源は十七世紀の科学革命にある。ガリレイはその著『偽金鑑識官』において、宇宙を書物に喩え、われわれの眼前に開かれている書物は「数学の言葉で書かれている」と記している。この巧みな隠喩的表現は、自然法則が数学的関数関係によって捉えられ、その法則の対象こそが実在するとする科学的実在観へとひとびとを誘う役割をはたしている。

（2）ヒュームの哲学はこの見解をさらに推し進め、人間精神を理性と感性（感受性）に二元論的に分離する。理性は対象世界を把握し、真偽の問題が問題になる知識に関わるが、他方、感受性は「産出能力を有し、内的感情から借用した染料でもって自然的対象」を染色し、行為をうながす動機を形成する。

（3）二十世紀の哲学は「言語論的転回」を遂げたといわれるが、このヒュームの見解を、〈事実判断は対象世界を「記述」するものであり、価値判断は心的態度の「表出」である〉と捉る。このように言語の基本的な機能が「記述」と「表出」として二元論的に把握されるならば、道徳的反実在論の方向性ははっきりしてくる。事実、マッキーは「価値は世界という建造物の一部ではない」と主張し、価値の実在性を明確に否定する。もちろん、正義と不正、勇気と臆病、あるいは美と醜の区別が成り立たないといっているわけではない。道徳現象として、そのような区別があることを認めている。しかし、価値の現象論と存在論とを区別する。価値現象をこの世界において承認し、その意義を認めるが、価値を実在者としてこの世界に容認しないのである。

（4）現代の道徳的反実在論者たちがいかに強く科学的実在論を抱いているかは、次のような事例によって示すことができよう。彼らの見解によれば、「赤」は主観的性質である。しかし、だからといって、「彼岸花は赤い」という判断が知識の領域から完全に追放されるわけではない。「赤」は第一性質で記述される波長域のような物理現象に対応づけられて、「赤」に関するわれわれの判断の収束性が説明され、いわば、「緩められた」意味で「真」「知識」といった概念をそれに適用する権利を認められるのである。

しかし他方、価値判断については、そのような仕方での実在との対応づけは成立しない。したがって、価値判断は本来の意味で真偽が問題となる知の領域には属さず、単なるドクサの領域に追放されることになる。このように、「赤い」といった第二性質と「勇気」「残酷」といった価値的性質との区別の根拠が自然科学的構造に対応するかどうかに求められているのである。(18)

（5）以上の道徳的反実在論者の実在観に対して、われわれは、しばしば指摘してきたように、まず素朴に次のように考える。すなわち、色や匂いを追放し、美的価値や道徳的価値を締め出す科学的な「死物世界」は人間が生きて行為する世界ではありえない。そのような死物世界を実在世界と見なし、われわれの現実の生活世界を「影」のような存在として把握することは本末転倒である。

第一章で、われわれは、ソクラテスがアナクサゴラスの自然学的説明に失望し、「存在するものの真理をロゴスの中で追究していこう」という決意を語っていることを紹介したが、その場合のソクラテスのいう「ロゴス」を、われわれはひとびとがそこへと生まれ落ち、その中で生き、行為する自然言語であると解釈する。

ソクラテスは対話相手とともに「勇気とは何か」「徳とは何か」を尋ね、知を求めて探究する会話を遂行している。それゆえ、ソクラテスの「ロゴス」を「勇気」や「徳」の定義のこころみと捉えることはもちろん可能である。しかし、彼らの会話がなされる「言語空間」をどう把握するかがより重要であるとわれわれは考える。たとえば、反実在論者マッキーからみれば、「価値は世界という建造物の一部ではありえず」、したがって、ソクラテスの知の追究の営みは、はじめから、真理や実在の探究ではありえないことになろう。

したがって、道徳的実在論を擁護するには、彼らが会話する「言語空間」こそがそこに真理が示される空間であることを示す必要がある。そのために、われわれは前節で、過渡期以降のウィトゲンシュタインの言語の考察を辿り、最晩年の『確実性の問題』における「世界像」の概念を取り出したのである。ここで示されている言語はホーリスティックな自然言語であり、そこに「揺るがぬ真理」、つまりわれわれの経験を根底において制約する、いわばアプリオリな経験が示されている。

もちろん、われわれはまだ価値の問題は扱ってはいない。それは次章以下で考察する問題である。しかし、「実在」や「真理」はロゴスをもつ存在者にとってのみ成立するものであり、美的価値や道徳的価値はこの「世界像」の内に、「自然世界」の内に成立するというわれわれの基本的態度は示されたと考える。

（6）次に、科学的実在論について簡単に述べておこう。たしかに自然科学はこの世界に成立する普遍的法則を追究し大きな成功を収めてきた。しかし、自然科学による世界把握は、人間の経験世界、つまり自然世界をいわば「側面から捉えた位相」であるとわれわれは考える。[19]先に述べた「世界像」が経験のアプリオリとして、「揺るがぬ真理」であるのに対して、自然科学においては、「革命」は二度、三度と勃発する。現に、十七世紀の科学革命の後、今日、「ポスト近代科学」が生じてきている。

もちろん、そのような科学の展開をパースやポパーのように、ある意味で、連続的に把握することも可能であろう。しかし、トマス・クーンの『科学革命の構造』以降、ポパーの「批判的合理主義」とクーンの「パラダイム論」の激しい対立があり、ガリレイやデカルトが前提していた合理的な科学的実在論を不動の真理として信奉すべきかどうか、大いに議論の余地があると思われる。[20]

第四章　事実と価値——「厚い」価値概念と投影説批判

道徳的反実在論者は価値と事実を切り離し、価値判断はわれわれの心の表出であり、真偽が問題になる認知的判断ではないと考える。他方、実在論者にとっては、事実と価値とはともに自然言語を通して規定され、両者は不可分の関係であって、道徳的判断は実在についての認知的判断である。この反実在論と実在論の論争が本書の主題であり、この第四章「事実と価値」ならびに第五章「道徳的動機と理由の空間」はその中核を形成する。われわれは以下において、反実在論を退け、実在論を擁護する議論を展開していきたい。

しかし、事実と価値を分離する反実在論的思想は、たんに分析哲学のみならず、二十世紀の哲学者たちのうちに広く浸透している。たとえば、「価値とはわれわれが創造するものだ」と主張するサルトルの例がまず思い浮かぶが[1]、ここでは米国のプラグマチストの系譜に繋がるリチャード・

テイラーを取り上げ、彼の著書『善と悪』の最終章「生の意味」の議論を紹介することにしよう(『善と悪』二五六―二六八頁)。

人生が意味をもつかどうかという問いに対して、ギリシア神話のシジフォスの例が提示される。シジフォスは神々の秘密を漏らしたために、たえず転がり落ちてくる大石を山頂に向かって運び上げることを果てしなく繰り返す定めを負った人物である。このシジフォスの運命を通して〈意味のない人生〉のイメージがわれわれに与えられ、次にこのような生を無意味な生としないために、そこにいかなるものが導入されるべきかが問われるのである。

テイラーの回答は、人生の意味は外部からではなく、われわれの内から与えられるというものである。石を運び上げることを繰り返す仕事を外部から捉えて、それ自身に意味があるかどうか尋ねることはできない。問題はその仕事をシジフォス自身がどう捉えるかである。価値が成立する場は、目指すものの実現にではなく、シジフォスの心にある。

論点をより明確にするため、神々が、転がる石を山頂に向かって運び上げようとする傾向性をシジフォスの心の中に植え付け、その結果、彼は自己の行為を意義ある営みとみなすようになったと想定してみよう。価値は事実世界から峻別され、価値の源泉は完全に心の中に位置づけられることになる。

このシジフォスの事例に近い立場として、われわれは功利主義の道徳理論を挙げることができよう。功利主義者は価値をひとびとが感じる幸福の概念によって規定し、幸福を人間の欲求の充足のうちに捉えようとする。功利主義は社会理論、福祉理論の原理としてもっとも客観的な理論と見なされているが、その核心部分は価値の源泉を心のうちに位置づけるものであるといえる。

本章においては、このように感性と知性を分離し、価値と事実を切り離す反実在論の根拠を取り上げ、その批判を通して、事実と価値とが分離不可能であることを示したい。以下のいずれの議論も自然言語の機能をどう把握し、道徳概念や心の概念をどう捉えるかをめぐるものである。

（1）まず、価値と事実を切り離す反実在論にとって、「残酷」「誠実」「勇気」といったいわゆる「厚い」価値概念をどう捉えるかという問題がある。ごく常識的にいえば、「よい」という言葉はそれ自身としてきわめて「薄い」内容しかもたない、いわば「寄生」概念である。したがって、この表現は「よい万年筆」「よいテニスラケット」「よいタクシー運転手」といった仕方でそれが修飾する名詞から実質的な意味を得てくるといえる。他方、「残酷」といった厚い価値概念はそれ自身で対象世界への適用規準をもち、事実的内容をもつとともに価値評価も示している。それゆえ、この「厚い」価値概念の場合、価値判断は心的態度の表明であると単純に言うことはできず、反実在論者にとって、それをどう説明するかが大きな課題となってくる。

（2）第二に、事実と価値を分離する反実在論の見解の背後に、概念一般についての「記述主義」ないし「本質主義」とも呼ぶべき暗黙の前提があり、この前提に大きな問題があるとわれわれは考える。この記述主義・本質主義は人間の思考のうちに深く根ざす伝統的な偏見であり、ウィトゲンシュタインの後期の言語ゲームの思想は、この記述主義に対する徹底した批判を通して成立して行った見解であると解釈することができる。そこで、われわれは、記述主義の誤りを明確にし、道徳的実在論の基盤をより確かなものにしたいと考える。したがって、本章第2節の考察は第四章の核心部分だけではなく、本書の考察全体の源泉をなすものである。

（3）第三に、道徳的価値の身分の問題がある。道徳的反実在論者にとっては、価値的性質は対象的事物にではなく、心に属するものである。しかし、日常経験として、われわれは夕日そのものが美しいと語り、殺人行為そのものが残虐であると捉えている。すなわち、価値現象を対象世界の現象として把握しているのである。それゆえ、反実在論者はこのわれわれの「価値現象」をどのように説明し、どのように救うのかということが問題になってくる。

（4）第四は、道徳的価値把握の深化をめぐる問題である。二十世紀の反実在論者たちは価値を表す言葉やそれに関連する心的概念を、「机」「走る」「約束する」といった表現と同様に、非個人的な用法に基づいて捉えている。したがって、この言語観においては、個人の経験の深まりによって価値概念の把握が深化していくといったことはほとんど問題になってこない。しかし、はたしてそのような枠組みで価値や意識の実態が捉えられるのであろうか。そこに大きな問題があるといわなければならない。

1　事実と価値の不可分性

まず、事実と価値の分離を擁護するヒュームの議論を紹介することから始めよう。第一章で取り上げたように、ヒュームは精神の機能を理性（知性）と感性（感受性）に明確に二元論的に分離する。理性は「ありのままの現実の対象」を発見するが、感受性は「内的感情から借用した染料でもって自然的対象」を染色し、行為をうながす動機を形成する。

ヒュームは、残酷な殺人行為において、悪と呼ぶ事実をそこに発見できるであろうかと尋ねる。対象世界を問題にしているかぎり、悪をそこで捉えることは決してできない。「悪」という表現で表される事態は実在世界の特性ではなく、心的態度の反映だというのである。

この見解が「〈である（is）〉から〈べき（ought）〉は導きだせない」という主張、すなわち、事実を述べる命題からは価値的・規範的命題は導出できないという見解である。現代の反実在論者たちの多くはこのヒュームの見解に従っているといえる。

しかしながら、「事実」という概念はかつての論理実証主義時代の感覚与件命題に限定することは不可能になり、今日、拡大してきている。たとえば、私が近所の八百屋でジャガイモを配達してくれるように頼み、八百屋がわが家の玄関先にジャガイモを配達してきたという事実があるとすれば、私はその八百屋にジャガイモ代を支払うべきである。前提である二つの命題は事実命題であり、帰結は「べき」という概念を含む規範的命題である。事実判断から「べき」という規範を述べる判断が帰結するのである。

この例で示されているように、「事実」という概念は自然言語を通して規定されるのであり、そこには人為の制度が含まれている。したがって、「なまの事実、裸の事実（the brute fact)」は取り出しにくく、「事実を述べる命題」という概念の中にはすでに価値や規範や、あるいは社会制度が含まれている。この特性が端的に現れてくる概念が「残酷」「勇気」といった「厚い概念」であるといえる。そこで、以下において、考察をこの厚い概念に限定し、その身分を詳しく検討していくことにしたい。(2)

（1）ここで、「残酷（cruel)」という言葉を例として取り上げることにする。まず、日常言語の用法のレベルにおいてわれわれが了解している、その意味内容を考えてみよう。たとえば、自分の子供の受け持ちの先生がどんなタイプの先生かと聞かれ、「残酷な先生です」と答えたとすれば、われわれは彼を、教師としても、人間としても非難しているのであり、それに加えて「彼は良い先生ではない」と語る必要はない。

他方、「怒りっぽい」という表現はかならずしも価値を含んではいない。「彼は非常に怒りっぽい教師だけれど、熱心なよい先生である」と語ることができる。しかし、「彼は残酷な教師であるが、よい先生である」と普通の文脈で語ることは不可能であろう。このように、われわれが日常用いる

「残酷な」という言葉は対象に適用する規準をもっており、事実に関わる概念であるとともに価値評価をも示している。

それでは、現代のヒューム主義者はこの「残酷」といった厚い概念をどのように解釈しようとするのだろうか。[3]

たとえば、R・M・ヘアは、「残虐」「無作法」等の厚い概念が事実概念であるとともに、通常、それが評価を表す概念であることを認めている。しかし、ヘアは、この「残酷」「無作法」といった厚い概念は「事実（記述）的要素」と「評価（指令）的要素」という二つの要素に分析できると主張する。したがって、ある行為が「無作法（rude）」であるという記述的条件を満たすことを認めて、かつその行為に対する非難の評価は認めずにいることが可能であることになる。

ヘアによれば、他方、道徳的実在論者たちは、厚い概念を「事実（記述）的要素」と「評価（指令）的要素」という二つの要素に分析することは不可能であると考える。実在論者たちは「ある行為が残酷であると見なすことは、…その行為を記述すると同時にその行為に反対する道徳的態度を取ることである」と考えており、

その意味するところは、「この種の行為は何か本質的に動機づけの要素をもっており、その行為がもしそのようにわれわれを動機づけるとか別の仕方でわれわれの感情に作用するのでなかったとしたなら、その行為はこの種の行為ではなかった（たとえば、残酷ではなかった）に違いな

い」ということなのである。(『道徳的に考えること』七二頁、邦訳一〇八頁)

さて、道徳的実在論者たちはたしかに厚い価値概念を「記述的要素と指令(価値)的要素に分析することは不可能である」と主張する。しかし、だからといって、「残酷」といった価値的表現はかならず動機づけの要求を満たす必要があると考えるわけではない。

以下において、厚い概念のもつ意味とその動機づけを区別する必要があるという点を指摘し、次に「記述的要素と価値的要素の不可分性」を、厚い概念の生成論的考察に基づいて明らかにしておきたい。

(2) まず、厚い道徳的概念には、「残酷」「無作法」のように、そのような行為をすべきでないという否定的な価値評価をもつものと、「勇敢」「誠実」のように、そのような行為を推奨する肯定的な価値評価を示す概念があることを確認しておこう。

さて、ヘアによれば、「残酷な」という表現が本物の価値評価を表す表現であるとすれば、その表現を使うひとはそのような行為を否認するように動機づけられていることになる。しかし、それは明らかに事実に反している。たとえば、「我が欲するところの善はこれをなさず、かえって欲せざるところの悪はこれをなすなり」という言葉が示すように、意志の弱さ(アクラシア)等の理由によって悪いこととは知りながらそれを為してしまうのが人間の性なのである。このアクラシアの問題については第七章で詳しく検討するが、ここで指摘しておきたいのは、否認の動機づけがない場合でも、「残酷な」という表現が否定的な価値評価を表す表現でなくなるわけではないという点である。

たとえば、「無作法な[redacted]という表現は否定的な価値評価を含み、「無作法な行為」とは差し控えるべき行為である。さてここで、[redacted]難い侮辱をわれわれに対して働いたと想定してみよう。われわれはその際、無作法な態度でもって応答することが適切な行為だと考えるかもしれない。だがその場合に、「無作法な」という表現が価値（指令的）評価をともなわずに使われることになるわけではない。その表現のうちにはやはり否定的な価値評価は含まれている。しかし、別の価値に凌駕されて否定的な評価が動機づけとして機能しないのである。だからこそ、われわれは「無作法も時によっては正当化される」と語るのである。

（3）ヘアは「記述と評価」という二元論的枠組みを前提し、そのもとで個別的な事例のみに注目し、当の事例をこの二元論的前提によって裁断しているように思われる。しかし、重要なことは、われわれがどのようにして厚い価値概念を学んでいるかを広い視点から詳しく観察することであろう。

ここで、厚い概念を生成論的視点から眺めてみよう。厚い価値概念を「記述的要素と評価的（指令的）要素へと分析できる」というヘアの見解に対しては、次のようにその問題点を指摘することができる。(4)

このヘアの見解には、厚い価値表現に関して、純粋に事実（記述）的と見なされる特性をつねに取り出すことができるという前提が含まれている。だが、かりにそのような特性があるとしたら、それはひとびとの価値体験から独立に存在する特性であるということになろう。すなわち、まず記述的要素という基底があり、それに価値評価という心的態度が付加されて、「残酷」「無作法」といった厚い概念が成立する、つまり、厚い価値概念はいわばボトム・アップ的に構成されると捉えられているのである。それは、ちょうど「〈ダイアモンド〉という概念は事実（自然）概念であるが、高価という価値を表している」というのと同じである。ある物質がダイアモンドであるかどうかは、その価値評価から独立に規定されるように、「残酷」という厚い概念の同一性（つまり、基底）も価値概念から独立に規定されると考えられているのである。

だが、問題は次の点にある。たとえば、「残酷」という言葉に関して、ヘアのいう記述的側面をひとつに纏めるものは一体何であろうか。「残酷」という言葉がもつ評価的側面をまったく無視して、その記述的な基底の同一性を捉えるといったことがそもそも可能なのであろうか。

たしかに幼児が「残酷」という言葉を学ぶのは拷問や傷ついた子犬に石を投げる行為のような適用事例を通してである。しかし、そのような物理現象的な適用事例に基づくならば「残酷」とはいえないような事例を、われわれはごく普通に「残酷な」行為として捉えているのではあるまいか。たとえば、好意や愛情に基づく行為が相手の心にきわめて残酷な帰結をもたらすといったメロドラマ的な事例を思い浮かべてみればよい。

「記述と評価（指令）」といった二元論的な理論的目的に合わせて自然言語を裁断するのではなく、

より基本に帰って、われわれはどのようにしてこれらの表現を習得するのかを反省してみる必要があろう。

（4）ウィトゲンシュタインは「家族的類似（Familienähnlichkeit）」という概念を使ってその事情を説明する。ここで、ウィトゲンシュタイン家の家族を取り上げてみよう。その家族の各メンバーはたしかにウィトゲンシュタイン家の一員であるという特徴をそなえている。しかし、それは、その全員が体形が同じであるとか、目の色が同一だ、といった全員に共通の要素の所有に基づいているのではない。兄と妹とは眼の色が同一であるが、姉と弟とは歩き方が似ており、母親と妹は気質が同じであるといった仕方で、それぞれの類似点は異なるが、全体としてウィトゲンシュタイン家の一員の特性をそなえているのである。

この「家族的類似」の事例として上げられるのが「ゲーム（Spiel）」という言葉である。盤ゲーム、カード・ゲーム、球技、競技、さらには、オリンピックゲーム、等々。これらがすべて共通にもっているような特性があるだろうか。勝ち負けとか、競技者間の競争といった特徴はどうであろうか。しかし、「神経衰弱」と呼ばれるカルタゲームをひとりでやる場合にはそのような特性は存在していないといえよう。このように「ゲーム」という表現の事例を注視すれば、「すべてに共通なものは一向に見えなくても、その間の類似性や類縁性が見えて」くるのである。それゆえ、ウィトゲンシュタインは「考えるな、見よ！」と強調する（『哲学探究』一─六六）。

「残酷」という言葉の用法を理解するには、前章第2節で「収束」の概念を通して指摘したように、言葉が習得されるようになる背景を、すなわち、われわれ人間は「生のかたち（Lebensform）」を共有しているという事実を了解しておく必要があろう。それを無視して、「残酷」といった「厚い」概念について、その記述的側面を基底として捉え、それに対するわれわれの反応として評価的側面を理解しようとするヘアの還元的分析は基本的な誤りを犯している。この点はわれわれが提示しようとする道徳的実在論の核心部分であり、節を改めて、くわしくその論点を考察することにしたい。

2 「規則に従うこと」の基盤

「残酷」「無作法」「勇気」といった厚い概念の適用の基底に記述的要素を置き、それに対するわれわれの反応として評価的要素を捉えるヘアのこころみは、たんに厚い道徳的概念についてだけではなく、概念一般についての「記述主義」ないし「本質主義」ともいうべき見解に基づいている。

この記述主義・本質主義の典型は、ウィトゲンシュタインの『論理哲学論考』の「写像理論」において示されていると解釈することができる。要素命題は原子的事実を論理的形式の共有を通して描写するが、第一章で指摘したように、この要素命題によって事実を描写する「主観」は、いわば「透明な知性」として押さえられ、要素命題がこの知性によって把えられる場合、その記号の本質が把握されるのである。

さて、『論理哲学論考』の思想はその後、まずその原子論が批判されることになるが、しかし、記述主義・本質主義は依然、われわれの思考のうちに残存し、われわれを支配しているといえる。たとえば、子供は「赤い」や「＋2」という表現を色のサンプルや数列を通して教えられるが、しかし、このようなきわめて乏しい事例による教示から、いわば無限の新しい事例に「赤い」や「＋2」という表現を適用できるようになっていく。この言語能力の説明として、まず「赤い」や「＋2」の規則をわれわれが知的に把握し、その把握を具体的な事例に適用するようになるのだと述べられる。

すなわち、この「規則の把握」が成立するには、

①（いわば、プラトン的なイデアとして）われわれから超越する正しい規則が存在し、
②人間の知性はその規則を把握し、その結果、具体的な事例において適用できるようになる。

と説明されることになる。これが「規則の把握」についての伝統的な理解の仕方であるといえよう。ウィトゲンシュタインの後期の言語ゲームの思想は、この前期の記述主義・本質主義を徹底して批判することを通して成立して行ったと解釈することができる。

ウィトゲンシュタインは、言語を話すということは人間の「根源的な振る舞いの延長である」と指摘し（『断片』五四五）、それは「人間の生のかたち（Lebensform）の一部である」（『哲学探究』

一―二三）と主張する。この記述主義に対するウィトゲンシュタインの批判はきわめて複雑であり、その論点を明らかにするために、ここで、多少迂回した道筋を取ることにしたい。

（1）ウィトゲンシュタインは「規則」ないし「規則の把握」について、『哲学探究』の有名な二〇一節で次のように述べている。

われわれのパラドックスはこうであった。規則は行為の仕方を決定出来ない、何故なら、いかなる行為の仕方もその規則と一致させることができるだろうから。

周知のように、ソール・クリプキはこのウィトゲンシュタインの文章を「かつて哲学が遭遇したもっとも根源的で独創的な懐疑的問題」の提示であると主張する（『ウィトゲンシュタインのパラドックス』六〇頁、邦訳一一七頁）。クリプキの解釈によれば、それは「言葉によって何かを意味することはありえない」という驚くべきパラドックスの主張なのである。「規則は行為の仕方を決定出来ない、何故なら、いかなる行為の仕方もその規則と一致させることができるだろうから。」クリプキはこの「懐疑論的パラドックス」が正しいと捉え、その正しさを徹底的に解明してみせる。

この説明のために使われるのが、一般にもっとも確実だと思われている（ウィトゲンシュタイン自身が上げている）数列の事例である。たとえば、「＋２」という規則を２、４、６、……といった仕方で数列を続けることを通して教えられた子供が、９９８、１０００の次に、１００４、１０

08と続けたとする。われわれは「そうではなく、1002、1004としなければならない」と指摘するが、子供はあくまでも「自分は前と同じようにやっている」と言い張ったとしよう。その場合、その子供の把握がわれわれとは異なったものであるとはいえても、彼が間違っているということを論証することはできないのである。

人間を個体として捉え、独立の情報処理者として捉える限り、1000以降において、1004、1008と続ける人物が誤っていると主張する根拠は存在しない。「規則は行為の仕方を決定出来ない」からである。これがクリプキの懐疑論的解釈である。

では、この懐疑論を解決することはできないのであろうか。それに対して、クリプキは、ウィトゲンシュタインが「懐疑論的解決」と呼ぶべき解決策を提示していると主張する。「正しい数列の続け方」はプラトン的なイデア世界にあるわけでも、また「規則の理解」がわれわれ人間の大脳のうちに存在しているわけでもない。

では、どうして「規則に従うこと」ができるのであろうか。われわれが「規則に従う」のは、共同体の中においてはじめて可能となるのである。ウィトゲンシュタインは「共同体の中においてははじめて、われわれは言葉によって何かを意味するということができるようになる」という見解を取っている（『ウィトゲンシュタインのパラドックス』七七―七八頁、邦訳一五一頁）。クリプキはそのように解釈し、それをウィトゲンシュタインの「私的言語」批判と結びつける。

（2）さて、ここでクリプキの議論をくわしく検討する余裕はないが、しかし、このクリプキのきわめて力強い解釈がウィトゲンシュタインの誤った解釈であることは、今日、広く認められている。ウィトゲンシュタインは「懐疑論的解釈」や「懐疑論的解決」を主張しているわけではない。彼の狙いは、「言語を側面から（from sideways on）」捉え、傍観者の視点から眺めるならば、クリプキが誤解したような懐疑論が帰結してくるということなのである。

ウィトゲンシュタインは、先に引用した同じ二〇一節の後半で「ここに誤解があるということは、われわれがこのような思考過程において、解釈に次ぐ解釈を行っている、という事実のうちにすでに示されている」と明確に述べている。

記述主義が主張するように、独立に存在する規則をわれわれが直知するといった仕方で、規則の理解を、傍観者の視点から外在的に解釈するかぎり、懐疑論が帰結するということ、これがウィトゲンシュタインの議論の狙いである。そして、それを通して「われわれの行動のうちにおのずから現れてくるような規則の把握の仕方」を明らかにしようとしているのである（『哲学探究』一—二〇一）。言語は「（それを）話すということが、ある活動の、またはある生活形式の一部である」（『哲学探究』一—二三）という内在的な視点から捉えるかぎり、懐疑論が成立する余地はない。

だがそれでは、ここでいう「内在的視点」とはどのようなものであろうか。「内在主義的言語観」に見事な解釈を与えているスタンリー・キャヴェルの文章を引用してみよう。

われわれは言葉をある文脈において学びまたそれをひとびとに教えるが、その場合、われわれはその言葉をさらなる別の文脈へと拡張できると想定されており、それを他のひとびとにも期待する。しかし、この拡張を保証するものは何もない。とりわけ、普遍者（universals）の把握によってそれが保証されるのでも、規則集の把握といったもので保証されるわけでもない。

……概して言えば、われわれのそのような振る舞いは、関心や感情、ユーモア感覚や有意義性、充足性の感覚を共有しているということなのであり、また何が非道なものであり、何が非難で、何が赦しであるか、何が他の何に類似しているか、あるいはまた発言はどのような場合にそれが主張となり、訴えとなり、説明となるのか、といったことについての感覚を共有しているということなのである――この有機体の旋回全体（all the whirl of organism）をウィトゲンシュタインは「生のかたち（forms of life）」と呼ぶ。人間の発話と行動、共同体およびその正常さ(sanity)はこの事態に依存しているのであって、それ以上でもそれ以下でもない。（キャヴェル五二頁）

われわれは「＋2」や「赤い」、あるいは「残酷」という言葉を具体的な文脈において習得し、それらの表現をさらなる別の文脈に拡張することができるし、事実拡張している。しかしながら、それを保証するものは何もないのである。それはわれわれを超越するイデア（普遍者）によって保証されるのではないし、また逆に、それを保証するわれわれの内なる心理的メカニズムや生理的メカニズムがあるわけでもない。

だが、この事実は、クリプキが主張するように、懐疑論を示唆するものでは決してない。現にわれわれは「＋2」「赤い」「残酷」という言葉の適用を確信しており、迷ったり、揺らいだりすることはない。それはひとえにわれわれが「有機体の全旋回（all the whirl of organism)」とキャベルが名づける「生のかたち（Lebensform)」を共有し、ひとつの文化の中に、つまり、言語空間の中に育てられていることに基づいているのである。(5)

この事情を、前章第2節でも簡単に指摘したが、ウィトゲンシュタインは次のように説明している。

かりに人びとがものの色について一般に一致するのではないとするならば、またその不一致が生じる場合が例外的なものでないとするならば、……われわれのもっている色の概念は存在しないだろう。（『断片』三五一）

われわれは赤いもの、「赤い」という言葉に対して、他の人びとと同じように反応している。この反応の収束性は、ある意味で偶然的（contingent）な事実である。しかし、この偶然的事実なくしては、われわれが同じ規則に従うということが成立しないのであり、したがって、規則というものが成立しないのである。

われわれから超越した仕方で規則が存在し、その規則を知的に把握することによって、言葉が使えるようになるのではない。「言語ゲームの根底になっているのはある種の視覚ではなく、われわれの営む行為こそそれなのである」(『確実性の問題』二〇四)。

以上に示した意味において、『論理哲学論考』で示された伝統的な記述主義・本質主義が退けられるならば、ヘアのように、「残酷」「勇気」「誠実」といった厚い価値概念が登場する判断を事実的要素と価値的要素に分析することは適切ではないし、そもそものような二元論的分析は不可能なのである。さらにまた、「それは残酷である」という判断を「それは赤である」といった判断や算術の判断から区別する必要はなくなってくる。

3　投影説と疑似‐実在論

たびたび指摘してきたように、現代の反実在論は近世の科学革命の結果として成立した思想であり、実在として捉えられる存在は自然科学によって記述される「死物世界」であって、色や音といった第二性質も勇気や誠実といった道徳的価値もそこに含まれてはいない。しかしながら、われわれにとっては、それらの性質は対象世界に存在するかのように立ち現れているのであり、この現象を否定することはできない。したがって、この事実をどのように説明するかという課題を反実在論者は担うことになる。

この課題に対する反実在論の基本的態度は、人間の精神能力を理性と感性(感受性)に区分するヒュームによって示されたが、このヒュームの理性と感性の二元論は二十世紀になり、エアー等の情緒説として展開されることになる。すなわち、対象を描写・記述する事実判断に対して、道徳判断は記述ではなく、「話し手の態度の表出」として捉えられ、非認知的に理解されることになる。

しかし、この「記述と表出」の二分法が直面するのが、「残酷」「勇気」「誠実」といった厚い価値概念の場合である。これら「残酷」「勇気」といった厚い概念に対応する現象を現代のヒューム主義者たちはどのように説明するのであろうか。エアーの「心の表出」という概念をさらにくわしく説明する必要がある。それが以下に取り上げる投影説である。投影（projection）とは、心が自らを外界へと押し拡げる作用であるが、[6] ヒュームと同様に、現代のヒューム主義者たちも道徳的価値を含んだ「現象世界」は、われわれの感受性が「死物的自然世界」を染色し、新しい創作を行った結果であると解釈する。「疑似 - 実在論 quasi-realism」とも呼ばれるこの投影説の特徴は次のように規定される。

① 心の投影的創造は実在論の装いを保証するほど強固なものである。

② だが同時に、その性質はやはり心が投影したものである。[7]

「疑似 - 実在論」という名称は、上の①を主張することを通して、価値判断の真偽を問題にしうる点を一応認めることを示しているが、他方、②を容認することによって、その実在性が「疑似的」であることを主張する。つまり、やはりそれはわれわれの創り出す新たな創造物（new creation）であるというのが投影説、つまり疑似‐実在論のポイントである。

ここで、再度、「記述」と「表出」という概念を使ってわれわれが直面している問題状況を要約しておこう。

この投影説・疑似‐実在論はムーア的なプラトニズム（実在論）に対する反論として提示されてきたという歴史的経緯がある。ムーアは、善がわれわれから独立な神秘的な性質をもつ超感覚的実在であり、われわれ人間はこの独立した道徳的特性を直覚できる存在者であると考えている。それゆえ、ムーアにとっては、経験的な事実判断も善に関する価値判断も、タイプは異なるにせよ、ともに事実についての「記述」であり、真偽が問題になる認知的な判断である。したがって、超感覚的実在の道徳的特性はわれわれの価値判断を産み落とす親（the parents of our judgements）であるということになる。

他方、それに対して投影説論者は、「われわれ人間は価値、義務等の道徳的特性を何も含まない実在に反応し、感情から借用した〈染料でもって〉、その自然的対象を染色し、新しい道徳的価値世界を創造するのだ」と主張する。それゆえ、事物の道徳的特性は「感性が産みだした子供（their children）」であると考えるのである。(8)

ムーアは価値判断を超感覚的事実の「記述」と捉えるが、他方、反実在論者たちは価値判断を心的態度の「表出」であり、心の投影であると把握する。

しかし、われわれは前節において、ムーア的なプラトニズムと反実在論者が共通に前提している「記述」の概念に重大な問題があることを指摘した。「残酷」という概念が含む記述的要素のみならず、「赤い」やさらには「+2」といった表現にまで、われわれ人間の「生のかたち」が反映されているのである。これがわれわれの基本的な視点である。

しかし、ここで、道徳的特性は「感性が産みだした子供」であるとする投影論者たちの議論を具体的に検討してみよう。

(1) 投影説の問題点——「色」と「痛み」

そもそも投影といった心の作用がどうして必要なのであろうか。私はまったく必要ないと考える。むしろ投影といった心の作用を立てざるを得ない存在論や認識論の方に問題が存在しているのである。

では、そのような誤った存在論、認識論とはどのようなものであろうか。それは第二章で取り上げた、ロックやマッキーの二元論である。また、しばしば指摘してきたように、この見解は科学革命によって成立してきた自然像であるといえる。すなわち、一方において、第一性質によってのみ規定される分子や原子からなる「死物的自然」が実在として立てられ、他方において、心の中の観念・知覚像・感覚所与を確実な知識の基盤であるとする認識論がその実在論に対峙することになる。それゆえ、このような思考体制においては、色のような第二性質や価値的性質はすべて心に「閉じ

こめられる」ことになる。(9)

他方、現実生活において、われわれは「彼岸花が赤い」といったように、色を対象世界に帰属させており、また「夕日が美しい」「その行為は残虐だ」といった仕方で、価値的性質も対象に帰属させている。したがって、色や価値を心に「閉じこめる」二元論的思想にとっては、こうした現実生活上の「現象を救う」必要があり、そこで持ち出されてくるのが「投影」という心の作用なのである。(10)

ところで、マッキーが「色は対象世界に存在しない」とする理由は、「赤い」のような色の経験を説明するのに、対象世界にそのような性質を想定することは因果的に過剰な想定だと考えるからである。物体としてのポストや彼岸花それ自体が色をもっていないと想定しても、その表面の微粒子の配列によって因果的に赤い色の知覚をわれわれが経験することを説明できるのであり、それゆえ、「存在は必要以上に増やすべからず」(11)という原則を守るならば、物体としての対象が色をもつと想定する必要はないということになる。

さて、自然科学的な因果的説明が唯一の正当な説明であるという前提を取るならば、われわれはマッキーの主張を認めてよいかもしれない。しかし、その場合にも、彼岸花の表面がある波長域の電磁波を反射し、そこからの因果的過程が網膜上の出来事を経て大脳の皮質にいたる、といった求心的なプロセスにおける因果関係（これは自然科学的に追求される関係である）と赤い知覚像との間の関係の説明は大きな困難を抱えているといえる。

だが、ここで取り上げたいのはその問題ではなく、「赤いという色はポストや彼岸花に帰属できず、心という内的状態にのみ帰属される性質である」と主張できるかどうかということである。第二章で考察したように、方法的懐疑や錯覚論法を通して、「正常な知覚と錯覚に共通する知覚像・観念についての知識こそが知識の基盤である」と主張する見解は、有力な見解として存在している。

しかし、このような見解に対して、われわれは「彼岸花は赤い」という知覚（知識）の基盤は「彼岸花」や「赤い」という概念能力にあると考える。[12] また、このわれわれが所有する概念能力は、「赤い」という言語表現が「むらさき」や「ピンク」といった表現と異なった適用をもつということをマスターすることを通して習得されていくのであり、したがって、これらの表現の適用対象は、とうぜん、公共的な世界の出来事であり、公共的な対象である。それゆえ、色に関して「投影」という心の作用はわれわれにとって不要なのである。

道徳的反実在論者が主張する「投影」という現象が成立する事例を上げるとしたら、それは「痛い」や「むかつく（disgusting）」といった体験概念の場合であろう。もちろん、痛みといった体験は体験の主体に帰属するのであり、「赤い」のような色の場合と異なり、普通、それを対象に帰属することはない。しかし、「痛み」をあえて対象に帰属させようとするとき、投影という現象としてそれを解釈できる。というのも、本来、その性質をもっていないものがそれをもっているかのような現れを呈するのが「投影」という現象だからである。

「バラのトゲが痛い」というとき、それは、トゲがわれわれに痛みを引き起こすということなのであり、トゲが痛いという性質をもつわけではない。しかし、われわれがトゲに痛みを帰属させるとき、われわれは痛みの体験をトゲに投影しているのである。同様に、「下水がむかつく匂いを発している」という場合、それは下水がわれわれにむかつく感覚を引き起こすという意味であって、われわれに引き起こされた感覚を下水に投影しているのである。痛みやむかつきは対象の側にではなく、それを感じる身体の側にある。私が痛いのであり、私がむかつくのである。それゆえ、痛みやむかつきに関しては、「もしそのトゲに触ると痛い」といったように条件法で述べたり、「むかつくような匂い」といったかたちで「ような」という表現を普通挿入するのである。

しかし繰り返せば、「赤い」は、「痛み」や「むかつき」といった表現とは異なり、ポストや彼岸花といった対象に直接適用される概念であって、「痛み」の場合に想定されるような投影が介在する余地はない。

（2）理由への問いと概念のネットワーク

以上の考察が正しいとすれば、「赤い」のような色の表現の場合、われわれはそれを直接対象に適用しているのであり、投影といった心の作用は不必要である。他方、「痛み」の場合、普通、痛みの主体はわれわれであり、対象世界に「痛い」という表現を適用してはいない。

しかし、ヒュームが投影説を主張する場合、主題となっている事例は「美しい」「残酷」「勇気」といった価値的性質の場合である。このような価値概念に関して投影説が成り立つであろうか。それを検討してみなければならない。

さて、「夕日が美しい」とか「振る舞いが残酷である」、あるいは「その発言は勇気がある」とわれわれが語る場合、「美しい」「残酷」「勇気がある」といった表現が適用されるのは、夕日、振る舞い、発言、等の対象的事柄に対してである。しかし、これらの表現は、「赤い」の場合とは異なり、直接対象に適用されているのではなく、われわれの心が把握した印象や観念を対象世界に投影しているようにみえる。

だが、次の事実に注目すべきである。「その発言は勇気ある行為だ」と主張するとき、われわれはしばしば「なぜそれを勇気ある行為というのか」といった仕方で尋ねられることになる。すなわち、その理由が問題になるのである。このように「なぜ?」という問いが問題になるということが、色や痛みのような性質から価値的性質を区別する特徴である。そして、そこに「心の状態の投影」ということだけでは説明できない「価値と事実」との関係が示されているといえる。それゆえ、価値的性質の、この特性を明らかにするために、「勇気」のような複雑な概念ではなく、「恐ろしい」といったより単純な概念を取り上げ、その構造を調べてみよう。

「怖い」といった概念は道徳的価値ではないが、色とは異なり、道徳的価値と共通する構造をもっている。たとえば、「赤い」については、「どうして彼岸花を赤いというのか」「なぜポストの色を赤いと呼ぶのか」といった〈理由の問い〉は生じない。かりにそのような問いが投げかけられたとすれば、「私はこのような色を〈赤い〉と呼ぶように学んだのだ」と答える以外にはないだろう。

しかし、「怖い」に関しては、なぜその男が怖いのか、その理由が問題になってくる。恐ろしい男は私に恐ろしいという感情を引き起こす原因であるが、同時にそれは恐ろしい対象でもある。この事態を投影理論の枠組みで捉えるならば、この「恐ろしいもの」は、ヒュームがいうように、「内的感情から借用した染料でもって自然的対象を金メッキし、染色する」結果として成立するものであり、それはわれわれの感情を対象世界に投影したもの、「感性が産み出す子供である」ということになろう。

だが、はたして、それを感情の投影ということだけですますことができるだろうか。「なぜその男が恐ろしいのか」という問いは、「本当に恐ろしいものは何か」を問題にしうる「理由の空間」の存在を示唆しているのではあるまいか。ある状況で、ある対象を怖いと感じるのは感覚的、衝動的な経験である。しかし、「なぜ怖いのか」が問題になる場合、「真に恐ろしいものとは何か」に関する知的考察が必要になってくる[13]。

その場合、「怖い」「恐ろしい」という感情の源泉はおそらくわれわれの生命の危険と関わっており、それをさらに拡大すれば、人間の欲求、つまり、食欲、性欲、名誉欲、等々と関連する様々な価値感情、反価値感情が指摘できるだろう。「人間は恐怖に支配され、快楽に惹かれ、お互い助け合うよりも傷つけ合う傾向をもつ存在者であり、そのようなわれわれ人間がこの世界でよく生きていく」ためには、ここで述べた「理由の空間」が必要となってくる[14]。

ある概念を所有するということは、その概念が関連する「諸概念の枠組みのネットワーク」のうちで、どのような位置を占めているかを把握しているということである。その場合、たとえば、恐ろしいもの、怖い対象を考察することによって真に恐ろしいものとは何かを把握していくと考えなければならないように思われる。

以上の考察を次のように纏めることができるであろう。この節のはじめに述べたように、われわれはムーアのプラトニズムを退ける。すなわち、道徳的特性はわれわれの感性からまったく独立に存在し、その特性がわれわれの「感性を産み落とす親（the parents of our sentiments）」であると考えることはできない。しかし、他方、投影説論者のように、事物の道徳的特性は、われわれの「感性が産みだした子供（their children）」であるという見解にも与することはできない。道徳的特性とわれわれの感性を相互に切り離し、どちらが「産みの親」かを尋ねることは不毛な問いであろう。

対象世界の道徳的特性を通してわれわれの感性は育まれ、洗練されていくのであり、また逆に、そのような感性を通して道徳的対象が分節化され、道徳的世界としてわれわれに立ち現れてくる。われわれの道徳的感受性は道徳的特性を「産み出す」のではなく、対象世界における道徳的特性を「照らし出す」のである。その意味において、道徳的性質とわれわれの感性は親子関係ではなく、相互的な、兄弟（siblings）関係として捉えるべきであろう。[15]

4　価値把握の深化

(1)　ここで、道徳的反実在論、とくに投影説の問題点を別の視点から眺めてみよう。道徳的実在論者たちが「心の哲学は道徳哲学の基盤を形成する」と主張することがある。彼らは、その主張を通して、「道徳概念はヒューム的な意味での社会公共的な生成論的分析では十全に把握することができない」ということを強調したいのである。たしかに、言語は日常的な言語活動において使われるものであり、言葉の意味を知るとはその用法を知ることである。言葉の意味の学習の出発点はそこにある。だが、出発点はもちろん到達点ではないはずである。

われわれが「言葉の意味が分かる」というとき、二つのケースが考えられる。第一は、日常的な用法を習得すれば、その言葉の意味がほぼマスターできるようなタイプの言葉であり、大多数の言葉がこの範疇に属している。「机」「落ちる」「走る」「これ」「あるいは」「ない」等々の物理的対象や運動・行為を表す言葉、さらには指示詞や接続詞をその例として上げることができよう。

このようなタイプの言葉の場合、どのような状況においてその言葉を適用すべきであり、どのような状況において適用すべきでないかを知っているとき、その言葉を知っているといえる。換言すれば、「ものが落ちる」とか「ひとが走る」という文がどのような状況で真になるか、その真理条件を知るとき、その言葉の意味を知っていると見なすことができる。

他方、道徳概念やそれに隣接する心の概念、たとえば、「愛する」「憎む」「悔恨」「勇気」「誠実」等々の場合、事情は異なってくる。まず、これらの表現の日常的な用法そのものの学習がきわめて複雑な構造をもっている。「痛い」という言葉はいわば直示的に教え、学ぶことができるが、しかし、「後悔」「悔恨」といった言葉に関しては、直示的な教示や学習は不可能であり、それらは多くの言葉の意味を前提して規定されることになる。「後悔する」とは、辞書において、「自分がしてしまったことを残念に思うこと」と説明されているが、われわれは「友人を殴ったことを後悔する」「大学に進学しておけばよかったと後になって後悔する」といった文例を通して、その表現の用法を習得していき、具体的な文脈においてその言葉を正しく使うことができるようになっていく。

（2）しかし、このように公共的で社会的な文脈において「後悔する」という言葉を正しく使えるということはその表現の意味を真に理解していることを意味しない。ここで、「後悔する」という表現を「約束する」といった言葉の用法と比較してみよう。私が「来月には借金を返すことを約束します」と発言するとき、私は約束するという行為を真に行っているといえる。それゆえ、お金を返済しなかったとしたら私は責任を問われることになる。

だが他方、「後悔」や「悔恨」の場合、「その行為を本当に後悔している」とか「それに関して深い悔恨の念をもっている」と（虚言ではなく）心の底から述べたとしても、それが真の意味での後悔や悔恨であるかどうかは分からない。「後悔」「悔恨」「勇気」等々の言葉に関しては、日常的な用法を習得しても、その概念の意味が真に分かったとはいえないのである。そこに道徳概念とそれに隣接する心の概念の特徴があるといえる。

「後悔」や「悔恨」といった表現に関して、われわれは具体的な文脈で遭遇する個別的な経験、いわば私的な人格的経験を通して、その真の意味を学んでいく。この点は、「勇気」や「誠実」といった道徳概念の場合には明らかであり、アイリス・マードックは「われわれは四十代において二十代で抱いていたのとは異なる勇気の観念をもつのであって、深化のプロセス、変化と複雑化の過程がそこに生じてくる」と述べている（『善の至高性』二九頁、邦訳四四）。

この、経験を通して習得していく深化のプロセスがどのような仕方で成立するのか、それを把握することが道徳概念や心の概念を捉える重要なポイントである。道徳的実在論者たちの目指す方向を次のように捉えることができよう。

われわれは日常言語を理解し、反省能力を具えているが、ソクラテスの「無知の知」が示唆するように、道徳的価値表現が表す意味のすべてを「知って」いるわけではない。したがって、その意味を学んでいかなければならないが、われわれは歴史的文脈の中で生きる個人なのであり、その意味理解の深化のプロセスは個人的、私的なものとならざるをえない。道徳的経験において「民主主義」は成立しないのである。「勇気」が何であるかを知るためには、われわれは勇気ある人の言動を注目することによってその概念を学ぶとともに、最終的にはわれわれ自身が「勇気ある人」にならなければならないとさえいえるだろう。

（3）ところが、二十世紀の反実在論者たちは道徳概念を、「机」「落ちる」「走る」といった表現の場合と同様に、社会的、公共的用法のレベルでのみ考察しようとする。すなわち、道徳的判断を、判断の主体から切り離して、公共的概念の特性としてそれを考えようとするのである。しかし、概念の意味了解の深化とは、判断の主体にとって概念の意味が深まってくるということなのであり、理解や知識が「ひとに宿る」という原点をおろそかにすることはできない。判断主体の心の能力、「魂の力」が重要になってくる。(16)

ここで、ある母親が息子の嫁について抱く評価語を考えてみることにしよう。その母親は嫁が気のいい娘であることは承知している。しかし、母親は、彼女が小生意気で馴れ馴れしく、子供っぽく、思慮に欠ける人物であると考える。なお、ここでのわれわれの狙いは、生成論的で行動主義的な概念分析が不十分であることを明らかにすることであり、そのために、この嫁の言動ならびに母親の振る舞いは一貫して同じであり、まったく変わってはいないと想定しておくことにする。

さて、この母親はやがて自分があまりにも因習的で心が狭く、しかも嫁に対する嫉妬もまじっていたことを反省するようになったとしよう。その結果、母親が捉える嫁の評価が変わってくる。その嫁は小生意気で馴れ馴れしいのではなく、愉快ではつらつとしているのであり、子供っぽいのではなく、自発的で陽気なのであり、思慮に欠けているのではなく、純粋で率直な人物なのだと考えるようになってくる。

母親のこのような転換をうながした要因として、われわれは、母親自身が嫉妬のまじらない、偏見のない態度に変化したことを上げることができるかもしれない。また、嫁の言動に対する、より注意深い観察が転換をもたらしたといえるかもしれない。このように評価者のものの見方の変化が対象の相貌の把握を規定し、逆に対象の相貌が評価者の把握の仕方に影響を与えるという相補的な関係を認めることができるであろう。(17)

（4）しかし、以上の事例は評価者のものの見方の変化によって、同じ人物の言動の評価が変わってくるということを示す事例として有効であったとしても、価値概念の把握の深化の過程を説得的に説明するものとはいいがたい。そして、実際、そのような深化の具体的事例を上げることはきわめてむずかしいといわねばならない。

われわれは、そのような具体例として、ここでジョージ・オーウェルの作品「絞首刑」を取り上げてみることにする。オーウェルはそこで自分が抱いていた「死刑」、さらに「殺人」の概念が変わっていった体験を次のように描いている。

絞首台まではあと四十ヤードくらいだった。わたしは自分の目の前を進んで行く囚人の、茶色い背中の素肌をみつめていた。……妙なことだが、わたしには意識のある一人の健康な人間を殺すというのがどういうことなのか、わかっていなかったのだ。だが、その囚人が水たまりを脇へよけたとき、わたしはまだ盛りにある一つの生命を断つことに深い意味、言葉では言いつくせない誤りに気がついたのだった。これは死にかけている男ではない。われわれとまったく同じように生きているのだ。彼の体の器官はみんな動いている。――腸は食物を消化し、皮膚は再生をつづけ、爪は伸び、組織も形成をつづけている――それがすべて完全に無駄になるのだ。……彼の目は黄色い小石と灰色の塀を見、彼の脳はまだ記憶し、予知し、判断をつづけていた――水たまりさえ判断したのだ。彼とわれわれはいっしょに歩きながら、同じ世界を見、聞き、感じ、理解している。それがあと二分で、とつぜんフッと、一人が消えてしまうのだ――一つの精神が、一つ世界が。(『絞首刑』邦訳二五頁―二六頁、傍点は引用者)

これはオーウェル個人の中で生じてきた「殺人」という概念に対する変化であるが、以上とはタイプの異なる、価値概念の深化の事例を宗教の歴史の中から取り上げてみることもできるであろう。たとえば、「モーゼの律法を遂行することが「義」(正義)である」と捉える旧約の見解から、パウロが主張するように、「キリストの十字架の贖罪を信じることが「義」(正義)である」と捉える新約の見解への転換はそのような深化の事例として上げることができるのではあるまいか。(18)

さてここで、「残酷」という概念に対するヒューム主義者の解釈を振り返っておこう。彼の解釈では、「残酷」という表現をどのような場合に適用すべきかは公共的に定まっており、その意味で「残酷」という概念はその基底において「机」や「走る」と同様に事実概念であると捉えられる。しかし、その残酷な行為に対しては普通それを拒否するわれわれの心理的傾向、心的反応が伴うというのがヒューム主義者の投影論的解釈である。ここでは、一貫して、価値概念が公共的、非歴史的、非個人的用法としてのみ把握され、個人の中で生じてくる、価値概念の「意味把握の深化」といったことは問題になっていないのである。

それに対して、道徳的実在論者にとっては、言語は超歴史的、超時間的なものではなく、文の発話は歴史的、文脈的出来事である。プラトンが『パイドロス』の終末で述べているように、言葉そのものが智慧を含んでいるのではなく、特定の時点で特定の個人に向けられた言葉が智慧や洞察を生むきっかけを与えるのである（『パイドロス』二七七E—二七八B）。しかも、言葉は時空的な文脈と概念的な文脈の双方をもっており、われわれはその文脈に参与することを通して言葉の意味を学んでいくのであり、道徳の言葉は対象に対する注意深い注視を通してわれわれの中で深化していくのである。

そしてわれわれはそのような仕方で習得され、深められた概念を通して対象世界の道徳現象を把握していくのだということができよう。

第五章　道徳的動機と理由の空間

――「理性と欲求」の二元論批判

道徳的実在論者にとって、「実在」や「真理」は言語（ロゴス）をもつ人間との関係においてはじめて成立する。

自然言語の習得はきわめて複雑な構造をとるが、それを単純化していえば、「赤い」の意味を知るとは、どのようなものに「赤い」という表現を適用すべきであり、どのようなものに適用すべきではないかを知ることである。このように、言語の知識はなによりも実践的知識であるが、しかし、また逆に、自己の行為の知が成立するためには言語能力が前提されることになる。

さらに、対象世界の事実に関わる知識も言語能力を前提してはじめて可能になるのであり、事実判断の主体であるためには、まず実践的能力の主体、行為の主体でなければならない。

（1）本章では、この行為の概念、とくに道徳的動機の概念を考察する。行為の動機は「信念（理性）と欲求（感性）」からなるという見解が近・現代の行為の基本的把握であり、とりわけ、反実在論者たちはこの図式によって、道徳的動機を分析している。以下、この見解を「ヒューム的二元論」と呼び、まず、道徳的反実在論の基盤を形成する、この見解を紹介することにしよう。

（2）前章で、われわれは「残酷」「無作法」「勇気」といった厚い価値概念の機能の考察を通して道徳的実在論を擁護した。道徳的価値が問題になってくる行為においては、この厚い概念によって捉えられる事態の知覚が行為の動機を形成する場合が多く、たとえば、子犬に石を投げつけるといった残酷な行為を目撃し、われわれはそのような行為をやめるように働きかける。このように、厚い概念の知覚を通して（「欲求」概念を介在させないで）直接に道徳的行為を説明する道徳的動機の解明は、「欲求と信念」によるヒューム的説明方式とは異なっており、この見解を「反ヒューム主義」と呼ぶことにする。道徳的動機の把握をめぐる、このヒューム的二元論と反ヒューム主義の相違は、道徳的実在論と反実在論の解明にとって重要であり、その相違をできるだけ明らかにしておく必要がある。

（3）ところで、近世の道徳哲学は相対立し拮抗する二つの立場の対決を通してその歴史を展開してきたといえる。ひとつは幸福を中核におく目的論的倫理学であり、J・ベンサム、J・ミル、H・シジウィックの名前と結びつく功利主義である。もうひとつはこの功利主義を徹底して批判するカント的義務倫理学であり、その主張によれば、道徳的行為とは快や幸福に支配される行為ではなく、義務なるがゆえに行われる行為である。

このように功利主義とカント的義務理論は相対立する見解であるが、その根底には共通の前提が認められる。これらの立場はともに、人間の行為の正邪、善悪は「功利の原理」や「定言的命法」といった道徳原理によって規定できるという見解の上に立っている。それゆえ、そのような道徳原理の正当化が道徳哲学の中心課題となり、道徳的動機の説明は、自己が取り出した道徳原理の適用を通して図式的に捉える傾向がある。

しかし、行為は具体的文脈の中で成立し、行為の動機は、ヒューム的二元論が主張するように、欲求を通して説明できる場合もあろうし、価値現象の知覚を通して説明できる場合もあろう。ところが、この道徳的動機の説明をシジウィック以降の功利主義者たちは「帰結主義」という単純なモデルで捉えてしまい、われわれの道徳的行為を歪めているように思われる。そこで、いわばケース・スタディーとして、功利主義の行為分析に対する批判的検討を通して、道徳的動機の構造を明らかにしたい。

1　ヒューム的二元論

われわれは普通、意図的行為を意図・欲求とそれを実現する手段についての信念を通して説明する。私が冷蔵庫のドアを開けるという行為はビールが飲みたいという欲求（意図）と缶ビールが冷蔵庫にあるという信念から生じてくる。ビールが飲みたいという欲求だけでは行為は生じない。信念なき欲求は盲目であり、欲求を実現する手段である状況についての知や信念が必要である。また知や信念だけでも行為は生じない。欲求なき信念は空虚であり、欲求や意志が必要である。ここで行為を促すものを行為の動機（motivation）と呼ぶとすれば、動機は欲求と信念という二つの要素から成立するというのがヒューム的二元論である。

（1）まず、ヒューム的二元論に対するいくつかの誤解を取り除いておこう。(1) ヒュームによれば、欲求は情念（passions）の一種であり、情念は感情（feeling）の一種である。「怒るとき私は情念の虜になる」とヒュームは述べているが、同様に、私がある欲求をもつとき空腹感や悲しみに類似した感情をもっていると解釈されよう。

さて、ヒュームの批判者たちはヒュームの「欲求」の概念をこのように現象的に解釈した上で、そのような欲求は普通行為の動機のうちに認められないという議論を展開する。すなわち、ある行為をなすべき行為と考えることと、その行為についての欲求をもつことは同じではなく、ある行為を為したくなくても、為すべき行為であるがゆえに行うのであり、したがって、行為の動機を「欲求と信念」に分ける分析は事実に反すると主張する。

それに対して、ヒューム主義者は欲求をそのように狭い、現象的概念として捉える必要はないと切り返す。欲求には「娘が幸せになってほしい」といった、父親の長期に亘る願いもあるが、これは決して空腹感や悲しみのような現象的な概念ではない。デイヴィドソンは行為の理由（動機）を信念と賛成的態度（pro-attitude）に分け、この後者は「欲求、欲望、衝動、誘惑、きわめて多種多様な道徳的見解」、さらには「美の基準、経済上の価値判断、社会慣習、また個人的ならびに公共的な目標や価値」であり、これらはすべて「ある行為に対する行為者の態度」と解される限り、「賛成的態度」であると述べている（『行為と出来事』三‐四頁、邦訳三頁）。「欲求」はこのように広い意味に、つまり志向的概念として捉える必要がある。

（2）では、動機を「欲求と信念」の二つの要素に分ける理由は何であろうか。ヒューム主義者は、理論（観照）的知識と実践的知識を区別する事例を使って、その理由を提示する。(2)

買物リストをもって街で買物している男とその男を尾行して彼の買った品物を記録している探偵を比較してみよう（その買物リストを妻が男に渡したのであれば彼は妻の命令を実行しているのであり、自分でリストを作成しているのであれば、彼は自己の意図を実行していることになる）。

さて、買物リストと男が実際に買った品物とが一致するとき、彼は実践的知識をもっているといえる。しかし、一致しないときは、誤りはリストにではなく、彼の行為の方にある。それに対して、尾行して男の買う品物を記録している探偵の記述の場合、その記述が、男が買った品物と一致しないとき、誤りは記述の方にある。

この対比をヒューム主義者は次のように解釈する。信念は真を求めるが、その真とは信念が世界と一致することにある。他方、欲求はその欲求内容の実現を目指すが、その実現は世界がその欲求に一致することにある。世界はわれわれの欲求と一致するように変えられるべきであり、その逆ではない。

この対照は重要な論点を浮かび上がらせる。すなわち、信念や知識は静観的、対象描写的であり、その意味で「不活性」(inert) であるのに対して、欲求はその内容の実現に向けてわれわれを動かすのであり、信念と欲求という動機を形成する二つの要因のうち動機を動機たらしめる主要因は欲求であり、信念はそれを実現するための補助手段にすぎない。ヒュームの「知性は情念の奴隷である」というよく知られた言葉は、この事情を表現していると解釈することができよう（『人間本性論』四一五頁）。

以上の議論をヒューム主義者は次のように要約する。

①ある動機づけの理由をもつことは、ひとつのゴールをもつことである。

②あるゴールをもっているということは、世界がそれに一致しなければならないひとつの状態にあるということである。

③世界がそれに一致しなければならないひとつの状態にあるということが欲求している（欲求をもっている）ということである。

ヒューム主義者はこの①②③から

④欲求が動機づけの理由である

という帰結を導こうとする。

しかし、反ヒューム主義者は①②③から導けるのは

⑤ある動機づけの理由をもつことが欲求をもつことである

ということに過ぎず、欲求が即ち動機づけの理由である、すなわち、動機づけの理由を形成するものは欲求である、という④の命題は帰結しないと反論する。そこにヒューム的二元論と反ヒューム主義の論争点があるが、まず反ヒューム主義の見解の概略を見ておくことにしよう。

2　反ヒューム主義

(1) 反ヒューム主義を規定するために、二つの種類の異なるタイプの事例を取り上げてみよう。(3)

第一のタイプは次の例である。

(イ) ビールを飲もうとして冷蔵庫を開ける

（ロ）夕方には雨が降るという天気予報を聞いて、雨傘をもって出かける

反ヒューム主義者はこのような場合、欲求と信念というヒューム的な動機の分析が適用できることを認める。なお、（ロ）に関しては（イ）の場合のように欲求があからさまには述べられていないが、「どうして雨傘をもって出かけるのだ」と聞かれたならば、「夕方、雨に濡れるのはいやだからだ」と答えるだろう。そのように信念とは独立の欲求がこれらの場合には認められる。

他方、第二のタイプの事例として、子供たちが傷ついた子犬に石を投げつけているのを目撃し、

（ハ）「子犬に石を投げてはいけない」と注意する場合、

また、北海道にいる父が危篤だという報せを受け取り、

（ニ）ただちに札幌行きの飛行機に乗る

という場合を考えてみよう。

これらの事例においては、子供たちの残酷な行為を目撃したり、父が危篤であるという報せを受け取ることとから独立に捉えられるような、欲求は存在しない。

それに対して、「子供たちに注意しよう」とか「札幌行きの飛行機に乗ろう」という欲求が生じているると反論されるかもしれない。しかし、子供たちが傷ついた子犬に石を投げつけているのを目撃し、直ちに「子犬に石を投げてはいけない」と注意する際、この発話行為にそのような欲求が伴っているとは思われない。

より卑近な例を考えてみよう。道で隣人に会って、「どちらへお出かけです？」と尋ねられ、「ちょっと、角の郵便局へ」と応える場合、この「ちょっと、角の郵便局へ」という発話行為をなそうとする欲求や意志を同定することができるだろうか。そのようなものが認められるとは思われない。

おそらく、ヒューム的二元論者は発話行為という出来事が生じる以上、それを引き起こす因果的条件（原因）がなければならないと考えているのである。われわれもそれを否定するつもりはない。しかし、その因果的条件が欲求であるという保証はないし、いわんやその因果的条件が「ちょっと、角の郵便局へ」という私の発話行為の理由になるとは思われない。

（2）さて、ここで百歩譲って、かりにそのような欲求を認めるとしても、その欲求は、子供の行為を目撃したり、父の危篤を受信したりすることによって生じる「動機づけられた欲求」(motivated desire) であって、行為を動機づける理由 (motivating reason) ではないといわなければならない。

「動機づけの理由（としての欲求）」と「動機づけられた欲求」を区別することが肝心である。上の（イ）の例において「ビールを飲みたい」という欲求は「缶ビールが冷蔵庫にある」という信念から独立に捉えられるが、（ハ）（ニ）において想定される「動機づけられた欲求」はそのような独立性をもちえない。（ハ）や（ニ）における行為の動機づけの理由は信念や知識それ自体であって、それが「動機づけられた欲求」なるものを生み出すのである（かりに「動機づけられた欲求」なるものが存在したとしても）。

以上のように、「動機づけの理由」と「動機づけられた欲求」を区別するならば、（ハ）や（ニ）の場合、「欲求が動機づけの理由である」という議論は成立しないように思われる。だが、「欲求が動機づけの理由である」というヒューム的二元論はわれわれの思考のうちに根強く潜んでいるのであり、この思考を導いていると思われる誤解をいくつか取り出して、検討してみよう。

（3）まず、ヒューム主義と「私的言語」の思想ともいうべき見解の結びつきを指摘しておきたい。[4] 繰り返せば、ヒューム的二元論とは「動機は信念と欲求という相互に独立な二つの要素に還元される」という見解である。その根拠のひとつは、「私は…を望む、欲する、好む」という体験が動機づけの最終的理由を形成するという考えにある。動機の究極の支えは、現に私が当の行為を欲しているという内面的な事実にあるというのがヒューム主義の核心である。

しかし、ここで、突然理由もなく、「泥の皿を食べたい」と語る人物や、「ピンが欲しい」といい、ピンを渡されると微笑んでそのピンのことをすぐ忘れてしまう人物を考えてみよう。われわれはそのような人物の欲求を行為の理由として理解することはできないだろう。「私はただこれが欲しいのだ」というだけではその欲求に行為の動機としての機能を与えることはできないのであり、欲求が行為の動機とされるためには、それはわれわれが理解し、是認できる欲求でなければならない。「欲する」「好む」という言葉は社会的文脈の中で習得されるのであって、われわれはある状況においてはこれを欲してよいが、あれは欲してはならないといった仕方で何を欲してよく、何を欲してはいけないかを学んでいく。このように欲求や願望はまったく私的な体験ではなく、われわれの生活を律している慣習や制度や価値規範との連関において成立するといえる。それは社会的な「理由の空間」の中で発動するものなのである。

そうだとするならば、行為の説明は必ずある社会的文脈を背景にしているのであり、行為者が当の状況をどう把握しているかということ（子供が子犬に残虐な振る舞いを為しているという状況）が、行為の動機づけの理由になることもあろうし、また、何を欲しているかということ（ビールが飲みたいという欲求）が動機づけの理由となることもあろう。その行為が位置づけられる文脈の中で、行為は理解可能なものとして規定されるのである。

（4）行為の説明の背景をなすこの社会的な文脈はわれわれの言語空間の中に反映される。アンスコムの次の文章は「行為と言語」「理由の空間」についての重要な洞察を示していると私は考える。

この世界に数多くの変化や運動が生じている、……木々が風にゆれ、その葉の動きは、私が黒板に字を書く際の手の動きと同様に繊細なものである。だが、われわれは「彼女は黒板に〈私は馬鹿である〉と書いた」という文章に多少とも対応するような、木々の弁別される特定の動きや現れについての記述（方式）をもっていないのである。

もちろん、われわれは人間の行為に特別な関心をもつということはある。しかし、われわれがここで特別な関心をもっているものとは何であろうか。…われわれに関心のあるものの記述とは、「なぜ？」という問いが存在しないとしたら、存在しないようなタイプの記述なのである。（『インテンション』四六節）

日本語という自然言語にはさまざまな行為の言葉が含まれている。「呼ぶ」「屈む」「挨拶する」「合図する」「支払う」「売る」「雇う」「契約する」等々。ここに上げた行為はすべて意図的行為の例であるが、われわれはこの日本語という言語空間のうちに生まれ落ち、このような行為の言葉を習得することによって、自己の振る舞いを「売っている」とか「支払っている」と表現することができるようになるのである。またその際、「なぜそうするか？」という問いが提示され、その理由が次々と与えられることになる。われわれの行為の空間はそのような「理由の空間」なのである（この点については第六章第3節を参照）。

（5）ヒューム的二元論によれば、行為成立には、「裸の」欲求といった体験（この体験をどう規定するにせよ）がなければならないという思考が前提されている。

しかし、それに対して、自己の行為についての判断、たとえば、「私はいま原稿を書いている」

といった判断はたしかに知が問題になり、真偽が問題になる判断であるが、私は観察に基づいてその判断をしているのではないし、また心の中の意図や欲求を同定することによって自己知を表明しているわけでもない。観察によらないで直接自己の行為を知っているのである。

先に上げた事例を考えてみよう。道で会った隣人に「どちらにお出かけです？」と問いかけられ、私が「ちょっと、角の郵便局へ」と応える場合、この発話行為はれっきとした意図的行為であるが、その際、自分の心の中の意図や欲求といった出来事や状態を同定しているわけではない。しかし、われわれは自分がいま何をしているかを観察によらないで知っているが、この知は、先の「呼ぶ」「屈む」等の具体例が示すように、自己の振る舞いを規定する行為のフォルムをわれわれが習得していることに基づいているといえよう。(5)

また、私はいま角の郵便局へ行っていることを観察に基づかないで知っているが、さらにこの実践的知識には、なぜ郵便局へ行くのかという行為の理由の知識が含まれている。（この行為の理由、実践的推理の問題については第七章でくわしく扱うことにしたい。）

(6) ここで、この章の考察を振り返っておこう。「道徳的動機が信念（理性）と欲求（感性）に分析できる」というのがヒューム的二元論であるが、その特徴は、信念（理性）と欲求（感性）、事実と価値評価の分離にある。もちろん、ビールを飲もうとして冷蔵庫を開ける場合、ビールが飲みたいという欲求は信念から独立に取り出せる。この事例はヒューム的二元論の分析が適用できる場合である。

しかし、動機が道徳的動機である多くの場合において、ヒューム的二元論は機能しないように思われる。子供が子犬に石を投げつけている残虐な行為を目撃し、われわれは「子犬に石を投げてはいけない」とその子供に注意する。この注意するというわれわれの意図的行為の動機は残虐な行為を目撃するということであって、残虐な行為の知覚がわれわれの行為の動機であるといえる。

その際、ヒューム的二元論を維持するために、残虐な行為を目撃することによって生じてくる、その行為を阻止したいという欲求を持ち出すとしても、それは、ビールが飲みたいという欲求と異なり、信念から独立に取り出せる欲求ではありえない。むしろ道徳的動機の場合、厚い価値概念に対応する事実を知覚することが行為の理由になる場合が多いといえよう。「なぜそうするのか?」といった行為の理由を求める問いは、文脈によって、さまざまなタイプの答えが与えられるであろう。それゆえ、道徳的動機の分析はむずかしく、われわれは次の第六章、七章においていくつかの視点からその解明をこころみるが、ここで、もう少し、ヒューム的二元論に対する反ヒューム主義の立場を明確にしておきたい。

本章のはじめにおいて、近世の功利主義とカント的義務理論は相対立する見解であるが、そこには共通の前提が認められることを指摘した。すなわち、これらの立場はともに、人間の行為の正邪、善悪は「功利の原理」や「定言的命法」といった道徳原理によって規定できるという見解の上に立っており、そのような道徳原理の正当化がそれらの道徳哲学の中心課題となっているという点である。そのような道徳原理を求めること自体を間違っているとは思わない。

しかし、われわれは、道徳哲学の中心課題が道徳原理のコード化にあるとは考えない。「ひとはいかに生きるべきか」という道徳哲学の探究は、「勇気あるひと」「徳あるひと」の概念を通して追究していくべきであろう。

このことは、洋の東西を問わず、ひとびとが実行していることではあるまいか。たとえば、われわれは『論語』を読む場合、孔子が具体的状況に直面して、どのような言動を為しているかに注目しようとするであろう。『新約聖書』を読むひとびとの場合も、同様であると思われる。泳ぎ方を知っているひととは泳げるひとであり、車の運転を知っているひととは車を運転できるひとである。同様に、勇気が何であるかを知っているひととは、具体的な状況において、勇気ある行為を為しうるひとではあるまいか。ソクラテスが為した「知識」の規定では、「知識とはあらゆる能力のうちでももっとも力づよい能力」であった。徳の何たるかを知ることは、言葉によって「徳」の定義を与えることではなく、徳ある行為ができることである。

われわれは、以上において、道徳原理の追究が道徳哲学の課題であると考える近世的思考に対して、道徳的実在論者の向かう方向をやや単純化して提示したが、次節では、道徳原理の具体的なコード化に対する批判を通して、道徳的動機の概念の解明をこころみたい。

3　功利主義批判――意図の分析

ところで、ひとびとが行為を賞賛したり、批判する場合、その行為がもたらす結果に基づいていることが多く、功利主義の主張する帰結主義は素朴な常識と一致するように見える。だが、われわれは必ずしも結果だけによって行為を評価するとはかぎらない。偽証したり、罪なき者を処罰することは、たとえそれによって全体の幸福がもたらされるように見えたとしても、許されるべきことではないという強い感覚がわれわれには存在する。

「罪なき者は罰すべからず」とは正義の根本規範である。功利の原理がこの正義の規範と矛盾することを示すために、次のような西部劇で馴染みの状況を想定してみよう。

（イ）ある開拓者の町があり、町の住民と周囲のインディアンたちのあいだにしばしば衝突が起こってきたが、どうも町の市長がインディアンと内通しているらしいという嫌疑が生じ、激昂した町民たちはその市長をリンチにかけようとする。ところで、住民の中には、市長が無罪だということを知っており、またそれを証明することができるひとびとが存在している。しかし、彼らは、もしその無実を証明したら、興奮した群衆は別の数人をかわりに殺すことは確実だと考える。そこで、彼らは沈黙を守り、無実の市長はついに処刑されてしまう、というような状況である（黒田亘『行為と規範』一一五頁）。

この事例は、われわれの道徳的直観からすれば大いなる不正である。しかし、「最大多数の最大幸福」という帰結主義を取る功利主義の理論によっては、リンチに対して沈黙したひとびとの不正を説明できないように思われる。

（ロ）さてここで、この西部劇を変形してみよう。ある殺人犯が留置所に入れられており、そこへ彼の仲間がやってきて、保安官に対して、殺人犯を釈放しなければ市長を射殺すると脅迫する。しかし、保安官はそれを拒否したために罪なき市長が殺されるという場合である。おそらく、この場合、われわれは罪なき市長の死を引き起こした保安官の行為を不正だとは責めないだろう。無罪を証明できるにもかかわらず沈黙して市長の死を黙認したひとびとをわれわれは不正だと断罪するが、他方、罪なき市長の死を黙認した保安官を不正だと断罪はしない。これは、いったいどのような理由によるのであろうか。

帰結主義を取る功利主義の行為の説明では、この相違の理由が明確にならないように思われる。われわれの議論をはっきりさせるために結論を先取りして述べるならば、「意図的行為」と「行為における意図」の区別が、功利主義の行為分析においてはつかなくなるのである。そこで、功利主義における帰結主義がどのようなかたちで成立して行ったのかを、その行為論との関係で追求し、功利主義が抱えるその帰結主義の問題点を取り出すことにしたい。

ところで、古典的な功利主義の完成者であるミルと現代の功利主義者たちとでは、功利の原理の扱いが大きく異なっており、その転換点はシジウィックであると考えられる。ミルにとっては、功利の原理と正義や義務等の概念の関係は必ずしも明確なものではなかった。これについては現代のミル研究者の間にもさまざまな解釈があるが、ミルは殺人とか窃盗といった、正義が問題になる具体的な行為をまさにひとつの行為タイプとして捉え、その（行為の帰結ではなく）行為タイプに関して道徳的価値を問題にしているように思われる。[6] 他方、それ以外の行為、たとえば、選挙でどの候補者に投票するかといった行為については、その行為の具体的な帰結の利害を問題にすることによってその行為が評価されることになる。換言すれば、ミルにあっては、帰結主義として捉えられる功利主義への一元化がまだ徹底されておらず、正義の概念は功利の原理とは多少とも独立に把握されるべきものとして考えられていたように思われる。

しかし、シジウィック以降、功利主義の特徴である帰結主義は尖鋭化し、それが今日の功利主義を支配しているといえよう。シジウィックの見解は、ひとびとによって教化的な（edifying）道徳理論を擁護するものとして受け取られ、その結果逆に、道徳的に浅薄な今日の帰結主義が成立するに至っているように思われる。

この帰結主義はシジウィックによる「意図」の概念の拡大を通してもたらされたものであるが、われわれはその意図の把握や行為の理解は誤っていると考える。（なお、このシジウィックの「意図」の概念に対するわれわれの批判、つまり、功利主義の動機論に対する批判は、次章以下でわれわれが提示しようとする「徳」の概念の基盤を形成するものである。）

（1）人間の行為は単なる身体の動きとどのように区別されるであろうか。デカルト的二元論と結びつく伝統的見解は、意図といった心的出来事の有無によって両者を区別しようとする。しかし、問題は、典型的な意図的行為にそのような心的出来事としての意図を認めることができないことである。たとえば、ひとびとの日常の会話を考えてみればよい。「どちらへお出かけです?」「ちょっと、そこまで。」これらの発話行為はれっきとした意図的行為であるが、それに伴う、意図なるものを認めることはできないだろう。

そこで、アンスコムは意図的行為を行為者の知（観察によらない知）を通して分析する方法を提示する。その基本をいえば、「自己の振舞いを知っている場合、しかもそれを観察によらないで知っている場合、それは意図的行為である」という見解である。(7) 実は、シジウィックも行為を行為者が了解している知の概念を通して規定しようとする点においてアンスコムと同じ方向を目指しているといえる。

だが、シジウィックは「意図的行為のいかなる帰結も行為者がそれを予知するかぎり、彼はそれを意図している」といった仕方で「意図」の概念の拡張を計ろうとする。(8) すなわち、意図的行為を意図の概念を通して規定し、その意図の概念の拡張を通して予知された行為の帰結をも意図的行為として把握する戦略を取っているのである。

(2) しかし、これは「意図的行為」と「行為における意図」(すなわち、「行為において目指している意図」)(9) との混同であり、「意図」の誤った拡張である。具体的な例を用いて両者の区別を説明してみよう。

私が肥満を解消するため（未来の意図）、ジョギングしようと意図し、公園でジョギングしているると想定してみよう。私のジョギングシューズの底が薄くなっており、私がジョギングにおいてジョギングシューズの底をすり減らしていることをときどき自覚しているとすれば、ジョギングしているという私の意図的行為は「ジョギングシューズをすり減らしている」とも記述されることになろう。ジョギングシューズをすり減らすことを私は望んでいない。しかし、それは私の意図的行為といえる。それはアクビやクシャミといった単なる身体の動きと区別されるだけでなく、胃腸薬を飲もうとして誤って風邪薬を飲んでしまった、という場合とも異なっている。なぜなら、私はジョギングをしようという意図（行為における意図）をもち、現にジョギングをしており、かつそれを通して、ジョギングシューズをすり減らしていることを知っているからである。

それを次のように一般化することができよう。行為者SがA（ジョギングする）という意図を実行するA（ジョギングする）という意図的行為をなしており、またそのAという行為がX（ジョギングシューズをすり減らす）をもたらすと信じており、かつ実際Xをもたらしているとすれば、Sは意図的にXをなしている、と言える。SはXをしようと意図してはいない。しかし、意図的にXをなしているということができるのである。

（3）以上のような仕方で、意図的行為と行為における意図は区別されるのであり、両者を混同したシジウィックは「意図」の概念を誤った仕方で拡張してしまったということができる。

しかしながら、そのことによって、シジウィックの目指した狙いが無視されてはならないと反論されるかもしれない。シジウィックにとって重要なのは、行為の責任問題であり、自己の行為の予知できる悪い帰結に対する責任を「それを望んでいなかった」ということによって回避することはできないということなのである。

たとえば、ある社長が自分の会社の再建計画を実行に移し、その結果、多くの社員が解雇されるという場合を想定してみよう。その社長は「自分の意図は会社の再建であり、社員の解雇を望んでいるわけではない」といってその責任を逃れることはできない。彼の予知した行為の帰結であるかぎり、「それを意図したのではない」という弁明はなんの機能も果たさない。これがシジウィックの見解である。この見解はきわめて道徳的、教化的な示唆を含んでいるようにみえる。

（4）しかし、この意図的行為と行為における意図との混同は誤った行為評価をもたらすだけでなく、それは帰結主義という間違った道徳理論を生み出す源泉になっている。

ここで、ある人物が一人の子供を扶養する義務があり、それを蔑ろにすることは彼の罪であると想定してみよう。扶養の義務を蔑ろにするとは、子供の扶養を嫌い、それを放棄するといったことである。さてそこで、この人物が次のような立場に立たされたと考えてみよう。すなわち、彼は偽証――無実の人を罪におとしめる証言――といった忌まわしい不正な行為を行うか、さもなければ刑務所に入るか、この二者択一の選択をせざるを得ない立場に立たされたと想定してみよう。彼は、刑務所に入れば子供の養育義務を遂行できないと予測するが、しかし、忌まわしい行為を為すことを拒否し、刑務所入りを選んだとする。

シジウィックの意図の規定によれば、偽証という行為を拒否したために子供の扶養ができなくなることと、子供の扶養を嫌い、その義務を蔑ろにする場合とは、扶養者の責任問題に関しては何ら相違はないということになる。したがって、この場合、行為者は偽証という忌まわしい行為と、それを拒否して刑務所に入り、その結果として生じる養育義務の不履行のいずれがより悪い結果をもたらすかを勘考して行為を選択することになる。

さて、行為の評価をこのように捉えるならば、意図的行為における行為者の意図は骨抜きにされ、ひとつの具体的な行為がそれ自身として本質的に不正邪悪な行為かどうかということは問題にならないことになる。行為者が勘考すべきは、自己の行為がもたらす世界の事象の善悪利害だけであり、行為問題はそれがどのような悪い結果を引き起こすかということに集約され、子供の養育義務の不履行よりも悪い帰結を引き起こさないかぎり、ひとは不正きわまる行為を選ぶこともできることになる。

（5）ところで、さきに述べたように、シジウィックの「意図」の概念の拡大の背景には行為の責任問題についての彼の見解が存在していた。すなわち、自己の行為の帰結を了解しているかぎり、「自分はそれを望んでいなかった」と言うことによって自己の行為の責任を回避することはできないという考えである。

しかし、（4）で指摘したシジウィック批判を一応別にするとしても、このシジウィックの見解ははたしてわれわれの責任問題をリアルに捉えているであろうか。否、捉えているとは思われない。

というのは、彼の理論では、自己の行為の帰結はその了解を通して責任が問われるのであり、予期され自覚された帰結によらないかぎりその行為を評価することはむずかしくなってくる。したがって、行為者がその帰結を当然予期してしかるべきであるような行為の帰結に対して、彼がそれを予期し自覚していない場合、彼は、そのことによって、免責されることになってしまう。

シジウィックにおいては、「行為における意図」と「意図的行為」は融合し、それは「意図」として捉えられ、責任問題はその意図の領域に設定されることになるのである。それゆえ、その領域の外にあるものについて責任が問われにくい構造になっているといえよう[10]。

（6）ここで、以上の議論を少し広い視点から眺めてみたい。シジウィックとわれわれとの対立は帰結主義と義務論の対立として押さえることができよう。普通、帰結主義は「目的は手段を正当化する」とか「目的は手段を選ばない」といった仕方で捉えられるが、これはもちろん曖昧な表現であり、以上のシジウィックについての議論から、彼の帰結主義は「目的と手段との間には道徳上意味のある区別は存在しない」という主張として規定することができる。すなわち、手段の内に含まれる悪（害）は目的がもつ善（よさ）によって埋め合わせでき、計算、調整することができるという見解として捉えることができよう[11]。

それに対してわれわれは①行為の目的、②その（目的を実現する）手段、ならびに③その（目的実現に際して生じる）副次的結果の三者は道徳的に等しい重みをもつのではなく、①は②より、②は③より大きな重みをもつと主張する。とくに②の行為の手段と③の行為の副次的結果のあいだには道徳的に決定的な相違が存在するというのがわれわれの強調する論点である。

ここで念のために、①行為の目的、②その手段、③および副次的結果の事例を挙げるとすれば、たとえば、肥満を解消しようとし（①）、ジョギングを行い（②）、その結果ジョギング・シューズをすり減らす（③）といった場合、あるいは、不正な行為を避けるために（①）、偽証の要求を拒否し（②）、刑務所に入れられ、子供の養育義務を履行しない（③）といった事例が上げられよう。われわれはこの①を「未来の意図」、②を「行為における意図」として捉え、これらを「直接の意図の対象」として把握する。他方、③は行為者がそれを了解している自己の行為の側面であり、いわば「間接に意図している行為」の資格で、「意図的行為」の範疇に入るものである。

さて、上で指摘したように、②と③の違いは道徳的に決定的な相違を形成する。同じ「子供の養育の放棄」と言っても、「直接の意図の対象」として、子供の養育を嫌いそれを放棄する（②）ことと、偽証という忌まわしい行為をなすことを拒否し、その結果心ならずも子供の養育を放棄する（③）ことは道徳的意味が根本的に異なるといわなければならない。

シジウィックから現代まで、功利主義者たちは帰結主義を取り、原理的には、①と②とは③へと還元されると考える。この帰結主義が先に述べた、目的①と手段②のあいだの価値の区別を認めない態度となって現われてくるといえよう。この帰結主義に対して、われわれは、②と③の根本的な相違を強調することによって、①行為の目的ならびに②それを実現する手段に関して、たとえば、「殺すなかれ」「姦淫するなかれ」といったユダヤ・キリスト教的律法といったものを道徳の中心に位置づけるような義務論を提起することができるであろう。

この義務論においては、たとえば、「殺すなかれ」という律法は、①と②に関する限り絶対に破ることは許されない。その意味で絶対主義と呼ぶことができよう。しかし、③の副次的な帰結、つまり、手段としての行為に随伴する意図的行為は、その行為が結果として人の死を引き起こしたとしても、「殺すなかれ」という律法を破ることにはならないというのがわれわれの態度である。このように②と③とを区別することによって、律法（義務論）の絶対主義を維持することができるとわれわれは考える。

普通、正当防衛の殺人は罪を問われないが、それは自己の生命を攻撃者から守るために（①）、ある行為を為し（②）、それが攻撃者の命を奪う（③）結果になった場合である。あるいは医者が母親の生命を守るために（①）ある治療行為をなし（②）、胎児の生命が犠牲になる（③）場合、殺人罪には問われないであろう。さらにより複雑な事例として、医者がほっておけば苦しみながら死ぬにちがいない患者の苦痛を軽減するために（①）鎮痛剤を与え（②）、それが患者の死期を少し早める（③）結果になったとしても罪には問われないと思われる。しかし、患者の苦痛を取り除くために致死量の鎮痛剤を与えたとすれば、この投与は②の場合に当たり、苦痛を取り除くという目的のためとはいえ、殺人の事例と考えられる可能性が出てくるといえる。

（7）ここで強調した②と③の区別は「二重の結果の原則（the principle of double effect）」と呼ばれるものである。[12] この原則を認めないとすれば、正当防衛で人を殺した人物を、あるいは母親の生命と胎児の生命を共には救えない事態に直面した医者を、殺人罪に問わなければならなくなる。そしてそれが明らかに不合理であるとすれば、われわれはより基本に遡って、殺人、強奪、姦通についての通常の社会道徳が人類に対する命法を与える権威と機能をもちえないということを認めなければならなくなろう。

シジウィック以降の功利主義者たちはその帰結主義を徹底させるかたちで道徳の問題を論じている。その大きな一歩はシジウィックの「意図」の概念の規定にあるが、その結果、これらの功利主義者にとっては「二重の結果の原則」といった問題は視野のうちに入って来ないか、意義のないものとして拒否されることになる。

ところで、カトリックの立場を取る道徳哲学者アンスコムはシジウィック以降の功利主義を「浅薄な哲学（shallow philosophy）」であると決めつけ、手厳しいが（『倫理、宗教、政治』四二頁）、たしかにシジウィックの「行為における意図」と「意図的行為」の同化によって、われわれの価値や規範の世界は平板なものになり、永く西欧世界を支配してきたキリスト教道徳がその眼目を無視される結果になっている。そしてそれに代えて、功利主義者たちは帰結主義・快楽主義の原理を通して人類に普遍的に成り立つ倫理・道徳の再構築を目指しているが、しかし、それがわれわれの義務や規範の意識をリアルに捉えているかどうかは大きな問題であろう。

第六章　人格の概念と価値の空間——自由と責任

前章では、行為の概念、とくに道徳的動機の概念を考察した。この章では、行為の主体の概念の解明に向かうが、その前に第三章で検討した「主観」の概念について振り返っておこう。

デカルトは方法的懐疑を通して、少しでも疑うことの可能なものは積極的に疑いの渦の中に入れていって、どうしても疑いえない確実な知識を捉えようとする。このような過程を経て「思考する我」の存在を確認するが、この「我」の確認は、比喩的に言えば、「思考する我」が世界連関の外へと飛び出したということである。これが知性の主体としての「主観」であり、この「主観」が「明晰・判明」に把握するものが主観の「対 - 象」(object) として、「客観」として立てられることになる。

このデカルトの主観性の概念はカントを経て、二十世紀の『論理哲学論考』のウィトゲンシュタインにまで受け継がれてきている。言語は真偽が問題になる命題の総体であると規定され、命題はそれ以上分析されない要素命題からの真理関数であると捉えられる。そしてこの要素命題に対応するものが「実在」として押さえられ、この実在に対峙するものとして、「世界の限界」として「主観」が捉えられることになる。

さて、この章の主題である「人格（person）」という概念は以上に述べた「主観」とは出自が異なる概念である。ラテン語の persona の原義は劇でかぶる「仮面」のことを意味するが、それとともにその仮面をつけて舞台で一定の役割を演じる演技者（actor）を意味する言葉となり、さらに代表権をもって交渉し、取引をする人物を表す言葉となった。このように「人格」という概念は行為の主体、責任や義務の主体を表す、実践的な概念である。

この概念を近世哲学に導入したのは、ジョン・ロックである。彼は『人間知性論』の第二巻二十七章で、人格の同一性の問題を扱うことによって近世の人格論の基礎を与えたが、そこには、デカルトの実体としての精神に対する批判が含まれていた(1)。

精神の不可分性について直観的な知識をもちうると考えるデカルトに対して、ロックは精神の本性についてわれわれは知識をもち得ないと主張する。この実体の不可知論がロックに哲学の課題として人格の同一性をめぐる問題をもたらしたといえる。というのは、われわれが自己の精神の不可分性を直覚できないとすれば、人格（自己）が同一性を保っているということをどうして知り得るのかという問題が生じてくるからである。

そしてこの問題に対するロックのアプローチははっきり実践的なものであった。ロックにとって「人格」とは法律用語（forensic term）であり、人格の同一性の問題は、道徳的・法的な帰責の根拠を明らかにしようという動機に基づくものであった。

ところで、ロック以後、彼が目指した「人格」を実践的概念として把握しようとするこころみは哲学の歴史の中でながらく見失われてきたように思われる。しかし、二十世紀半ばになってピーター・ストローソンによって再び取り上げられることになる。

（1）ストローソンにとって「人格」の概念は、まず、それを通してデカルト以来の伝統的な心身二元論と対決し、それを追放する「形而上学的」な概念であった。もちろん、この人格概念には、デカルト以来の主観概念に対して、行為の主体という実践概念がその核心に含まれている。

（2）その後、この人格の概念は、伝統的な「自由と決定論」の議論の文脈において、動物とは区別される自由と責任の主体を解明する「実践的」な概念として捉えられるようになる。すなわち、行為に対して責任があるといわれるためにはどのような条件がなければならないか、またそれは、行為の主体が自由であることとどのように関係するか、が問題となってくる。

（3）われわれは、本章の第3節において、人格の概念をさらに道徳的価値の概念と関係づけることによって、エートス（人柄）論、徳論と結びつくかたちで解明していきたい。それゆえ、この章の考察は次章「価値の知覚と実践的推理――エートス（人柄）論の視点から」に続くものである。

1　自己帰属と他者帰属

ストローソンは彼の人格の概念を伝統的な心身二元論ならびに無主体論（no-ownership theory）に対する批判を通して展開している。(2) この後者の無主体論とは「意識状態が帰属すべき主体は存在しない」という見解である。すなわち、「私は痛い」「私は考える」といった文章における「私」は決して痛みや思考の所有者を指示しているのではなく、ちょうど “it rains” における ‘it’ と同様の働きをしているのだという見解である。この見解は先に引用した『論理哲学論考』の文章にも示されていると解釈できるが、ストローソンはムーアの論文「一九三〇—三三年のウィトゲンシュタインの講義」に基づき、一九三〇年代のはじめ、ウィトゲンシュタインは無主体論を抱いていたと考えている。

さて、心身二元論とは、意識述語の主体と物理的述語の主体は根本的に異なる実体であるという見解である。すなわち、「私はいま手紙を書いている」といった文における「私」は正確には、意識作用の主体としての精神と物理的な述語の主体としての身体に分析されるべきであるということになる。それは次のように図示されるであろう。

ソクラテス┬精神（実体）――思い出す、意図する、信じる、等：観察不可能、非空間的
　　　　　└身体（実体）――八〇キロ、一八〇センチ、アゴラにいる、等：観察可能、空間的

それに対して、無主体論は上で指摘したように、もともと意識作用が帰属すべき主体を認めてはいない。したがって、これら二つの立場は、意識述語と物理的述語がともに帰属するような主体の存在を認めないことにおいて一致している。この見解に対して、ストローソンはそれは根本的な誤謬であり、二元論も無主体論もともに自己の理論を首尾一貫したかたちで提示することはできないと主張する。人格の概念こそが原初的で根源的概念であるというのである。

ここで私はストローソンの人格の概念のくわしい考察を行うつもりはない。ただ、彼の人格の概念が、ロックの目指した実践的概念として人格を捉える方向を推し進めている点を指摘しておきたい。ストローソンの著書『個体と主語』からポイントとなる箇所を引用してみよう。

> 私は人格の概念によって、意識状態を帰属させる述語と身体的特徴、物理的状況等を帰属させる述語との両方が、ひとしくその単一なタイプの単独な個体に適用できるような実体の概念を意味する。（『個体と主語』一〇一頁―一〇二頁、邦訳一一三頁）

しかし、身体的特徴を帰属させる述語と意識状態を帰属させる述語の「両方が帰属させられるタ

イプの個体」という概念規定だけではまだ「人格」概念は明確ではなく、それゆえ、「人格」に適用される二種類の述語の性格づけがおこなわれる。

第一の種類の（身体的特徴を帰属させる）述語は、われわれが意識状態を帰属させる述語を適用しようなどと決して思わない物体にも本来適用されるようなものであり、この種類の述語をM述語と呼ぶ。「一〇ストーン」「応接間にある」等はこの述語である。第二の種類の述語は人格に適用される、他のすべての述語であり、これらをP述語と呼ぶ。「痛い」「考えている」「信じる」等のような述語とともに、「笑っている」「散歩している」のような述語がその例である。（前掲書一〇四頁、邦訳一二六頁）

さて、このM述語とP述語による人格の概念の規定に対して、その後、まず、このようなP述語の規定では、「痛い」や「怒る」等の述語が適用される犬や猫も人格になってしまうという反論がなされてきた。また、このM述語とP述語の規定自体がデカルト的二元論の枠組みから脱却できていないという批判も提示されてきた。そしてこれらの批判はある意味ですべて当たっているといえる。(3)

しかし、ここで強調したいのは、ストローソンは、P述語について、上の引用箇所とは異なる規定を与えており、そこに彼の真の狙いがあったという点である。P述語は次のように規定される。

（P述語の特性とは、それが）第一人称と第三人称の帰属的用法をもつこと、また、自己の行為については観察に基づかないで自己帰属が可能であるとともに、他者帰属については行為規準（の観察）に基づいてそれが可能であることが、このP述語に本質的である。（前掲書一〇八頁、邦訳一三一頁）

要するに、まず、P述語のうちで「手紙を書く」「綱を巻く」等の行為の述語を中心に考えてみよ、という提案である。これらの述語は観察に基づいて他人に帰属できるとともに観察に基づかないで自分に帰属できるが、このようにP述語を自己帰属できるとともに他者帰属できるものが「人格」といわれるものである。

したがって、「M述語とP述語がともに帰属されるものが人格である」ということよりも、「P述語がどうして可能になるか」ということが肝心なのである。「私はいま手紙を書いている」「私はいまイスに坐っている」と語りうるためには観察によらずに自己の状態を知っていなければならないが、そのような自己帰属、自己意識（self-consciousness）が可能であるためには、観察に基づいてそれらの述語を他者に帰属することが可能でなければならない。

このように、「人格」の概念は、たしかに心身二元論的な残滓を残しながらも、行為の主体として、実践的概念として捉えられており、それを通して自己意識が規定されているといえる。

ストローソンの『個体と主語』は一九五九年に刊行されているが、同じ年に、ステュアート・ハンプシャーの『思考と行為』が著されており、またその二年前にはエリザベス・アンスコムの『インテンション』が刊行されている。心身問題や知識論の中心に実践的概念として人格概念を捉える方向がイギリス哲学の中で台頭していることをわれわれは伺うことができるのである。

さて、このストローソンやアンスコムの考察の背景には後期のウィトゲンシュタインの言語ゲーム（言語行為）の思想が存在していたと推測することができる。

ひとは生きている人間、および生きている人間に類似している（類似した振る舞いをする）ものについてのみ、それに感覚があるとか、それは見ているとか、めくらであるとか、聞いているとか、つんぼだとか、意識しているとか、意識がないと言うことができるのだ、と。（『哲学探究』一―二八一）

ひとは、ある動物が怒り、恐れ、悲しみ、喜び、驚いているのを想像することはできる。だが望んでいるの（を想像すること）は？　では、なぜできないのか。……話すことができる者だけが、望むことができるのか。一つの言語の適用に通じている者だけが。すなわち、望むという現象は、この錯綜した生活形式の様態なのである。（『哲学探究』二―i）

言語の適用という言語行為ができる者だけが、何かを望んだり、意志したり、期待するといった志向作用を為すことができるのである。人間は言語能力を習得することによって他の動物とは根本的に異なる存在者、つまり、人格となる。

しかし、ウィトゲンシュタインは、同時に、言語を語ることが人間固有の営みだとしても、その営みは振る舞いの延長として成立するのであり、そこに動物との連続性が存在していることを指摘している。


命令し、問い、しゃべることは、歩いたり、たべたり、飲んだり、遊んだりすることと同様、われわれの自然史の一環なのである。（『哲学探究』一―二五）

2　欲求と意志――責任の帰属

ストローソンは「立ち上がる」「笑う」「手紙を書く」といった行為の概念をP述語の中心に位置づけることによって、P述語の自己帰属に人格概念の基礎を求めたが、ストローソンにとっては形而上学的な概念としての心身二元論を論破することが目標であり、そのために実践的概念としての人格概念の根源性の基礎づけにその仕事は集中したといえる。

それに対して、ハリー・フランクフルトの論文「意志の自由と人格の概念」においては、ロック(4)が人格に求めた「義務・責任を帰属しうる主体」の概念がまさに正面から主題的に論じられている。

上で紹介したようにウィトゲンシュタインは言語行為を通して動物と人間の相違を解明しているが、フランクフルトは意志（欲求）の構造を通して人格の概念を規定しようとしており、われわれは以下において、この方向をさらに推し進めることによって、人格と価値概念の密接不可分な関係を取り出すことをこころみたい。

(1) 第二階の欲求（意志）

人格の本質はその意志（欲求）の構造に求められる。人間はさまざまな欲求に動かされることによって行為するだけではない。単に欲求をもつだけではなく、それらの欲求についての欲求をもつ存在者であり、その点で他の動物や人間の幼児と異なっている。

(1)「AはXを欲している」という文における「X」がある特定の行為（肉を食べる、水を飲む）を表す場合、それを「第一階の欲求（first-order desire)」と名づけることにしよう。この場合の「欲する」という概念はきわめて広く、人間以外の動物にも適用できる概念である。

さて、「AはXを欲している」という文における「X」に、特定の行為ではなく、第一階の欲求が入る場合、それを「第二階の欲求」(second-order desire) と呼ぶことにする。しかしながら、「Aは肉を食べるという欲求を欲している」という文章表現は日本語としても英語としても奇妙な表現となる。「欲求を欲する」という表現が異例の表現なのである。だが、言語表現から離れて、「第二階の欲求」の概念自体に注目するかぎり、それは日常ごく普通にわれわれに生じている事柄である。たとえば、昼食をうどんにするか蕎麦にするかを思案したり、将来、公務員になろうか銀行に勤めようかと考える場合、第二階の欲求（意志）が問題になっているといえる。すなわち、第一階の複数の欲求のうちどの欲求を選択するかという、欲求の評価、選択が問題になってくる場合、それが第二階の欲求なのである。(5)

（なお、われわれはここで、「欲求の評価、選択」という表現を使ったが、この場合の「評価」「選択」という表現を、この段階では、「第二階の欲求（意志）」という表現と同様に、きわめて漠然とした意味で使用していることを断っておきたい。あとで、この概念をより明確に規定していきたいと考えている。）

第一階の欲求しか問題にならない動物や人間の幼児の場合、自己の欲求や意志に関わるということがない。「ある欲求を実現すべきかどうか」といったかたちで自己の欲求を反省したり、対象化するということがない。欲求の選択の問題は起こらず、現に生じてくる欲求によってその行動が規定されるのである。

しかし、それに対して、われわれ人間は「私はどの欲求を実現すべきか」（*de jure* question）を問題にしうる存在者である。自己の欲求を評価し、自己を反省する能力をもつことが、第二階の欲求（意志）をもちうることであり、われわれは自己の在り方（存在）に関わる存在者になるのである。

（2）ここで、第一階の欲求しかもちえない動物や人間の幼児を「ウォントン（wanton）」と呼ぶことにする。(6) 以下において、このウォントンと第二階の欲求をもつ人格と対比することによって人格の概念を明らかにしていこう。

さて、ウォントンがもつ欲求は、彼がもっているその欲求とは矛盾する欲求のゆえにその実現が遅らされるかもしれない。また、ウォントンは彼の欲求をいかに実現するかを考え、推理し、計算する能力をもっているかもしれない。ただ、ウォントンに欠けているのは自己の欲求を評価し、選択する能力である。つまり、「自分の欲求のうちどの欲求を実現すべきか」という欲求の選択に関わらないのである。

ここで、麻薬中毒である人間と麻薬中毒のウォントンを比較してみよう。両者とも症状は同じであり、ある時間麻薬が切れると麻薬に対する激しい欲求が生じてくる。また、麻薬中毒である人間とウォントンはどちらも結局麻薬を飲んでしまうとここでは想定してみよう。

ウォントンである麻薬患者は、第一階の欲求のままに行為するのであって、第一階の欲求に関わるということがない。それに対して、人間である麻薬中毒患者の場合、自己の麻薬中毒を呪い、その欲求を克服しようとこころみる。つまり、彼は麻薬を飲みたいという第一階の欲求をもつとともにそれを避けたいという第一階の欲求をもっているが、同時に、この後者の欲求を実現したいという第二階の欲求（意志）をもつ存在者である。

ところで、自己の欲求を評価し、選択するということは、自己がどうあるべきかを評価することであろう。そしてこの評価に基づいて自己の欲求を実現するかぎりで、われわれは自己の在り方に責任をもちうる存在者になるといえよう。このように「責任」の概念は第二階の欲求を通してはじめて規定できるのであり、したがって、責任の概念は、第二階の欲求が成立しない動物や人間の幼児、つまり、ウォントンには適用することはできない概念である。

（2）行為の自由と意志の自由

「責任」の概念を「第二階の欲求」を通して以上のように規定することは、具体的で常識的なレベルで「責任」の概念を検討するものであり、われわれはそれによって、「人格」の概念が真に成立する地平に至りうるのではないかと考えている。

さて、われわれは、日常、ある範囲の行為についてはそれを為すかどうかは自分の決断にかかっていると確信している。午後の会議に出席しようかどうしようかと思案し、昼食は蕎麦にしようかうどんにしようかと思案する。この将来の行為を思案するという事実は、われわれが行為を選択する自由をもっていることを示しているように思われる。それに対してたとえば、出産がせまった妊婦が男の子を産もうか女の子を産もうかと思案することはありえない。

行為の責任を問題にし、刑罰や道徳が問題になるのは、ある範囲の事柄に関して、行為選択の自由をわれわれがもっているからである。しかし、それに対して、はたして人間には行為選択の自由が存在するのかという「自由と決定論」の問題が中世キリスト教神学において生じてきた。全知・全能の神は世界のすべての出来事についての完全な知をもっており、したがって、神は私が具体的な時刻と場所で何を為すかということを完全に知っているとされる。すなわち、人間の行為を含めてすべての出来事は神の知に対応するかたちで決定されていると考えることができる。しかし、そうなると、人間は生まれる以前から何をするかが決定されているということになり、したがって、「人間の犯す罪に関して、それがどうして彼の責任になるのか」という難問が生じてくることになる。

この中世キリスト教神学における神の知は、近世科学の成立とともに、「すべての出来事は先行原因によって規定される」という因果的決定論の形を取ってわれわれのものの見方に深く浸透することになる。そして、この決定論を認めるならば、人間の自由は認めがたいことになる。これを決定論と自由の「非両立論」と呼ぶことにしよう。

(イ) 非両立論

決定論が正しいとすれば、あらゆる人間の行為はそれに先行する出来事によって決定されることになるが、そうなると、誰も、現に為した行為とは別の仕方で行為することは不可能になってくる。しかし、われわれは別の仕方で行為することができる場合にのみ自由なのであり、したがって、決定論が正しいなら、人間に自由はありえないことになる。そうなると、人間に責任を帰属させたり、刑罰や道徳を問題にすることはできないことになる。

(ロ) 両立論

しかし、それに対して、自由が決定論と矛盾するという考えは「自由」「原因」「法則」といった概念の誤解に基づいているという批判が生じてくる。というのは、「刑期を終えて晴れて自由の身になった」、「午前中は講義があるが、午後からは自由だ」といった文章において典型的に示されているように、「自由」とは「強制や束縛が存在していない」という意味であって、それは決して「原因によって決定される」とか「法則によって支配される」ということと矛盾するようには思われないからである。

それゆえ、「自由な行為」とは「それを強制したと思われる外的条件が検出されず、かつその行為が自由選択の自覚をともなった行為である」と一応定義することができるように思われる。たとえば、ある人物がデパートの品物を万引きした場合、彼のその振る舞いが他人によって強制されたものではなく、またクレプトマニア（病的盗癖）といった精神疾患等も見出されない場合、彼のその振る舞いは自由な行為であり、彼に責任を問うことができ、刑罰の対象にしうるのである。

だが、この自由と決定論の両立論に対しては、次のような反論が投げかけられてきた。すなわち、たしかに強制や束縛が存在していない場合、その行為は自由な行為であると認めることができる。その意味で、決定論を取っても、われわれは「行為の自由」を認めることはできると言える。しかし、決定論を取る場合、それとは別の意味の「自由」が否定されることになる。すなわち、「次の瞬間にAをすることも、Aをしないこともできる」という「選択の自由」を認めることはできなくなるのである。この選択の自由ないし意志の自由は決定論と矛盾するように思われる。だが、そうなると、先の麻薬中毒者やクレプトマニアと、責任を問いうる窃盗犯の区別は無意味になってくるのではないだろうか。

(3)「意志の自由」と「自由な意志」

(1) 第一階の欲求のうち、任意のものを選択し、それを実現する行為に導く力をもつ場合、彼は「意志の自由」をもっているといえる。たとえば、部屋に鍵を掛けられ閉じこめられた人物がそこから脱出しようとこころみるが、結局、脱出できない場合、たしかに彼には「行為の自由」は認められない。しかし、その部屋に留まろうという欲求をもつことができるとともに、その部屋から脱出しようという欲求を自己の意志として脱出をこころみることができるのである。その意味で、彼は「意志の自由」をもっている。意志の自由は行為の自由を含意しないのである。

しかし、逆にまた、行為の自由も意志の自由を含意しないことは明らかである。動物や幼児のようなウォントンにも、行為の自由はもちろん認められる。夕方、犬が鎖からはずされ、庭を自由に駆け回っているということができる。しかし、われわれの先の定義に従うならば、犬のようなウォントンに意志の自由を認めることはできない。意志の自由とは第一階の欲求のうちからある欲求を自己の意志として選択する力であり、それは第二階の欲求をもちうる人格にしか認められないもの、ウォントンには無縁なものだからである。

(2) ここで、ウォントンと麻薬中毒患者と部屋に閉じこめられた人物の三者を比較し、その区別を通して、自由と責任に関する見解を整理しておこう。

まず、ウォントンにとっては、第二階の欲求、つまり、第一階の欲求の選択は問題にならず、したがって、意志の自由の有無を云々することは意味をなさない。

それに対して、麻薬中毒患者の場合、麻薬を避けたいという第一階の欲求と飲みたいという第一階の欲求のうち、避けたいという欲求を欲するが、結局は麻薬を飲みたいという欲求を自己の意志として選んでしまうのである。その意味で、彼には意志の自由が欠如しているといえる。すなわち、彼はまさに、意志が不自由な状態にあるのであって、ウォントンとは異なり、麻薬中毒患者に関しては、意志の自由・不自由を語ることが意味をなすのであり、それゆえ、彼は自己の麻薬中毒を呪うことになる。

しかし、では、この麻薬中毒患者と部屋に閉じこめられた人物の相違はどこにあるのだろうか。ここで、ともにその行為は挫折すると想定してみよう。両者の相違は次の点にある。麻薬中毒患者の場合、麻薬を拒否したいという欲求を自己の意志にしようとするが、結局、彼を動かすのは麻薬を飲みたいという欲求であり、その意味で麻薬を拒否しようとする欲求を自己の意志とする力は彼にはない。それに対して部屋に鍵を掛けられ閉じこめられた人物の場合、結果として脱出に成功しないとしても、脱出しようという欲求を自己の意志とすることも、脱出すまいという欲求を自己の意志とすることもできる状態で、脱出しようという欲求を自己の意志として脱出をこころみるのであり、その意味で彼の意志は自由であるといえるのである。

（3）だが、ここで、次のような難問が提起されるであろう。もしわれわれが決定論を受け入れるならば、「脱出しようという欲求を自己の意志とすることも脱出すまいという欲求を自己の意志とすることもできる」ということは不可能になるのではないかという反論である。

たしかに、これはむずかしい問題である。

ここで、まず第一に指摘しておきたいのは、「決定論か自由か」という問題は形而上学的問題であって、決定論が正しいという根拠も、逆に誤っているという根拠もわれわれはもっていないという点である。たとえば、「予言破り」という事態を通して選択の自由を説明しようという試みがしばしばなされてきたが、そこにはやはり問題が含まれているように思われる。[7] 第二に、かりに決定論が正しいとしても、意志の自由が否定されることになるかどうかはかならずしも明らかではないという点が上げられるであろう。

さて、われわれはここで、フランクフルトに従い、この議論の核になる概念を提示することにしたい。それは「自由な意志（に基づく）」という概念であり、決定論とは矛盾する（恐れのある）「意志の自由」とは区別される概念である。[8] すなわち、「自由な意志」の概念は「第二階の欲求」を通して規定される概念であって、この概念を通して、形而上学的な議論に入ることなく、われわれの課題である「責任」の概念を解明することができるように思われる。

たとえば、部屋に閉じこめられた人物が、結果として成功しないとしても、脱出したいという欲求を自己の意志として行為をこころみる場合、それは「自由な意志」から行為しているのであり、この意志はウォントンには（概念的に）関係のない自由である。また、先に指摘したように、麻薬中毒患者には、事実として成り立っていない自由である。

なお、脱出しようという「自由な意志」が成立する場合、この「自由な意志」の内容とは逆の意志、つまり、脱出すまいという意志はその時点の彼には開かれておらず、したがって、彼には「意志の自由」（選択の自由）は存在しないかもしれない。われわれはここで「自由か決定論か」という形而上学的問題に入る必要はない。その意味において、「自由な意志から行為している」ということは必ずしも「意志が自由である」ということを含意してはいないのである。

しかし、決定的に重要な点は、この人物は、ウォントンや麻薬中毒患者やクレプトマニアとは異なり、「自由な意志」に基づいて行為しており、したがって、彼は自己の行為について責任をもちうる存在者であるということである。すなわち、行為者が自己の為したことに対して道徳的に責任があるということは、その行為が第二階の欲求、つまり、自由な意志に基づいた行為であるということなのである。

したがって、かりに決定論が正しいとしても、またその意味で「意志の自由」が存在しないとしても、第二階の欲求をもつ人格はウォントンや麻薬中毒患者とは異なり、自己の行為に対して責任をもちうる存在者であることになる。

（4）欲求と価値評価

（1）ところで、「ある欲求が他の欲求に対して真に行為者自身のものである」ということの意味を解明しようとして、われわれは、欲求を第一階と第二階のレベルに区別した。

自己のもつさまざまな欲求を評価し選択するということは、その選択を通じて自己を形成するということであり、そのかぎりで自己のあり方に責任をもつ存在者となることである。先に指摘したように、われわれが「人格」という言葉によって理解しているものは、この自己評価と責任が問題となる存在者、自己の在り方が問題となる存在者のことであるといってよいであろう。

（2）しかし、以上の説明では、まだ多くの解決すべき問題が残されている。というのは、自己評価や責任の概念を解明するためには、欲求を第一階と第二階に分けるだけでは不十分だからである。たとえば、第一階の欲求に基づいて行為する場合には、意志の自由、自由な意志が問題にならないのに、どうして第二階の欲求の場合は自由に行為したといえるのであろうか。かりに第三階の次元からみれば、第二階の欲求に基づいて行為するものもウォントンといえるのではあるまいか。いったい何が第二階の欲求を「彼自身に属するもの」とするのだろうか。その根拠がまだ十分明らかになってはいないように思われる。先に、われわれが「第二階の欲求（意志）という概念を曖昧な概念として用いている」と断ったのもこの点に関係しているのであり、この段階で、この概念をより明確に規定する必要がある。

（3）そのためには、「第二階の欲求」の概念を「狭い意味での欲求」と「価値評価」の二つに区別する必要がある。(9)

ひとが「もっとも望んでいるもの」という表現は「もっとも強く欲求しているもの」という意味

にも、「もっとも評価するもの」という意味にも用いられる。もっとも強く欲求するものをもっとも評価するとはかぎらず、もっとも評価するものをもっとも強く欲求するとはかぎらない。「わが欲するところの善はこれを為さず、かえって欲せぬところの悪はこれを為すなり」という思いはわれわれ誰もがつね日頃感じるところである。おそらく、このような事態が、プラトンの『国家』（四三四C―四四一C）において、魂を理性的部分と気概的部分と欲望的部分の三部分に区別することの大きな理由のひとつではないかと思われる。

（4）さて、このように「価値評価」と「欲求に基づく動機づけ」を区別するならば、行為者を彼の価値評価から切り離して捉えることはできないように思われる。もちろん、自分の抱いていた価値評価のシステムを批判し、退けることはある。しかし、その場合、彼は自己が抱くようになった新たな価値評価の観点からそれを批判するのであって、行為者がある欲求を「彼自身のもの」とするのはそれを自己の価値評価システムに属しているものと認めることによってである。

したがって、不自由な意志とは、行為者の欲求や動機が彼の価値評価と一致しないという点にあり、両者が一致する場合、自由な意志が成立するといえる。神の場合には、価値評価と動機づけの間にはいささかの齟齬もなく、また動物の場合であれば、第二階の欲求が存在せず、その意味で価値評価ということが成り立たない。したがって、価値が存在しないのである。それに対して人間の場合にのみこの両者の間に不一致が生じるのであり、そこに生き方の問題、道徳の問題が生じてくるということができよう。

(5) しかし、この狭義の欲求と価値評価の区別に関しては、明らかにしなければならない多くの問題が残されている。まず、広義の欲求はどのような仕方で狭義の欲求と価値評価に区別されるのであろうか。換言すれば、価値評価はいかにして成り立つのであろうか。また、それはいかなる構造をもつのであろうか。

3 価値の空間

以上に指摘したように、「第二階の欲求」をさらにどう分析するかということが「人格」の概念の解明には不可欠であるが、この問題に関して、「単純な価値評価(simple evaluation)」と「強い価値評価(strong evaluation)」の区別を通して、「人格」の概念を規定しようとするチャールズ・テイラーのこころみはわれわれにとって有益である。(10)

(1) 単純な価値評価と功利主義

まず、次に上げる例文を考えてみよう。

(イ) 昼食にうどんを食べようかそれとも蕎麦にしようかと思案し、一方を選択する。

(ロ) 週末にテニスをしようかそれとも登山をしようかと思案し、いずれかを選択する。

（ハ）正午になったので昼食をとりたいが、食事をしているとプールが閉まってしまうので、先に泳いでから、その後で昼食をとろうと決心する。

以上の例は（イ）のような単純なものから（ハ）のような推理を含むものまでさまざまであるが、いずれも第一階の欲求の選択が問題になる第二階の欲求（意志）の事例である。また、これらの単純な価値評価の場合、選択肢となる欲求が同質であるとはかぎらない。たとえば、テニスをしたいという動機は試合に備えて練習しておきたいということであり、登山したいという動機は紅葉を見たいということであり、欲求の質は明らかに異なっている。

しかし、これら単純な価値評価すべてに共通する特徴が存在する。それは、「なぜ蕎麦ではなく、うどんを選ぶのか」という問いに対して、最終的には「うどんが食べたいからだ」という答えが返ってくるという点である。そこでは価値に関する分節化、位置づけ、つまり〈価値の空間〉が前提されておらず、欲求充足の量によって価値が評価されるという構造を取っている。

さて、われわれは、功利主義をこの単純な価値評価に基づく価値理論の具体例として考えることができるように思われる。

功利主義の第一の特色として、それが「功利の原理」（「最大幸福の原理」）を根本とする体系であるという点が上げられる。この原理はあらゆる行為に対する正邪、善悪の基準を示すものであり、その定式化はいろいろあるが、「全体の幸福（general happiness）を増大する行為は正しく、減少させる行為は正しくない」とする原理として押さえることができよう。この全体が一人だけの場合、それは個人の幸福の問題であり、この個人レベルを一般化して社会全体に移行させたとき、それは社会全体の幸福の増大あるいは減少と捉えられる。したがって、社会の利益とは個々の成員の利益の総計にほかならない。

第二の特色は、ここでの「幸福」の内容を構成するのが快・苦の観念だという点である。人間の行為はこの快・苦の動機という因果の鎖に繋がれているというのがミルやベンサムの快楽説の要諦である。そこに功利主義が十九世紀以来、人間と社会に関する科学的研究を押し進める役割を果たしてきた理由を窺うことができよう。

第三の特色として、功利主義が、プラトンやカントの理想主義的見解に対して、きわめて現実主義的、自然主義的な道徳理論であるという点が上げられるであろう。ミルは次のように述べる。

この説の主張するところを、信ずべきものとして立証するためには、いかなることが必要であろうか。ある対象が見える（visible）ということに対して与えられる唯一の証明が、実際に人々がそれを見るということであり、ある音が聞きとれる（audible）ということの唯一の証明は、人々がそれを聞くということである。……同様に、何かが望ましい（desirable）ということを証明することのできる唯一の証拠は、人々が実際にそれを望んでいるということである。（『功利主義論』Ⅳ章）

現に人々がそれを望んでいるという事実はそれが望ましいものであることを根拠づける。事実によって価値を根拠づけることができるという主張である。

このように功利主義の特色として、第一に、正邪、善悪は帰結する幸福の量によって規定されるとする帰結主義、第二に、その幸福とは快であるという快楽主義、そして第三に事実判断から価値判断を導出しようとする自然主義、この三つの性格を挙げることができよう。

それゆえ、以上の功利主義は単純な価値評価をモデルに構築された道徳理論であると捉えることができるように思われる。

(2) 強い価値評価

次に「強い価値評価」の事例を取り上げ、先の「単純な価値評価」と対比しながら、その特徴を取り出すことにしよう。

(ニ) 戦場で逃亡したいという欲求にかられるが、それは卑怯で臆病な振る舞いだと考え、ふみとどまる。

(ホ) 身体がだるく会議に出席したくないが、出席は義務だと考え、出席する。

これらの強い価値評価の場合も、第一階の欲求に関わる第二階の欲求（意志）である。しかし、単純な価値評価とこの強い価値評価では大きな相違が存在する。蕎麦やテニスの選択の場合、結局、蕎麦が食べたいから、テニスがしたいからといったように、選択の根拠は欲求の強さであるのに対して、強い価値評価の場合には、たとえば、逃亡したいという欲求が強いとしても、それは臆病な行為として位置づけられ評価されることによって、それが退けられるのである。

すなわち、強い価値評価の場面においては、欲求を分類し、位置づけ、評価する言語を通して、個々の欲求は、たとえば、「勇敢な（臆病な）」「高潔な（邪悪な）」「思慮深い（軽率な）」「洗練された（野卑な）」等々の評価語によって規定され、それを通して受け入れられたり、退けられたりするのである。なお、ここで例示した評価語はすべて第四章で取り上げ、論じた「厚い価値概念」であることを確認しておきたい。

この両者の相違を箇条的にまとめてみよう。

（1）単純な価値評価においては、ある欲求がよいと評価されるためには、それが欲求されているということで十分であるが、強い価値評価では、欲求されているということだけでは十分ではなく、その欲求ないしそれを実現する行為が「勇敢な」「思慮深い」といった仕方で分類され、位置づけられることが必要である。

（2）単純な価値評価においてある欲求が退けられるのは、それが別のより強い欲求と現実において両立できないためであるが（うどんと蕎麦の両方を食べることはできない）、強い価値評価においては両立不可能性のゆえにではなく、それ自身がマイナスの価値をもつためである。たとえば、戦場で逃亡することは臆病で卑怯な行為であるから退けられるのである。

（3）単純な価値評価においては、そこで評価され選択されるのは個々の欲求ないしその充足であるが、それに対して、強い価値評価の場合、たとえば、「勇敢な（臆病な）」「高潔な（邪悪な）」「思慮深い（軽率な）」「洗練された（野卑な）」、等々の評価語によって規定され、それを通して受け入れられたり、退けられたりするのである。

その場合、それらの評価語はそれぞれ個別的に規定されるのではなく、相互に関係づけられる。「勇敢な」という評価語は「臆病な」という語との関係においてのみならず、「生命の危機」「苦しみ」といった概念との関係においてはじめて規定されることになる。すなわち、「生命の危機」「苦しみ」といった概念は「勇敢」といった概念から独立に規定されうるが、「勇気」「勇敢な」といった概念は「生命の危機」「苦しみ」という概念から独立にそれを把握することは不可能である。

（4）また、以上の説明が示しているように、強い価値評価の場合、価値評価自体がホーリスティック（holistic）な性格をもつことになり、個々の欲求の充足が表現し支持する生き方そのものが問題になってくる。換言すれば、個々の欲求が帰属する行為者そのものの在り方、生き方が問題になってくる。その意味において、第二階の欲求（意志）の形成を通して「反省的な自己評価」が問題になるということができよう。したがって、またそのような生き方を習得する人柄（エートス）が問題になってくる。このように「人格」が「行為の主体」として捉えられるとすれば、その人格は強い価値評価との関係で捉えられる人柄（エートス）を通して解明されることになろう。

（3）価値の言語空間――「伝統の貯蔵庫」

ところで、強い価値評価の事例である厚い価値概念をわれわれは日本語や英語といった自然言語の中で学んでいく。そこで、自然言語をどう把握するかということが重要になってくる。

近世の言語観はロックに代表される啓蒙主義的言語論と、ヘルダーによって代表される「表出説(expressive theory)」の二つに大別できるであろう。[11]

（1）ロックによれば、人間の言語行動がなんらかの意味内容を表現しているとすれば、それは身体的物理的な運動のうちにあるのではなく、その背後にあるこころの状態を写しているからである。あるいはこころがその言語行動を引き起こしているからに他ならない。

このように言語の意味は言語表現の表層から退き、内在的なものとなる。この言語観を「描写説(representation theory)」と呼ぶことができよう。ロックは、言語とは「コミュニケーションの手段」であると考えるが、その際、伝達される意味内容や運ばれる思想は、前言語的に成立していると漠然と考えられているのである。

（2）それに対して、ヘルダーによれば、言語表現はそのような前言語的な観念や思想を描写し、伝達する道具ではなく、思想とは言語の習得を通して獲得される活動によって表現されるものであり、思考と言語を切り離すことはできない。

人間は古来ロゴスをもつ動物であるといわれてきた。しかし、この命題は、ロックが考えたように、人間が抽象能力をもち、この能力によって形成される前言語的な思考を他人に伝達するために言語を所有するからではない。そうではなく、人間にとって本質的な関心となるものはすべて言語のうちではじめて開示されるからである。母語を身につけるということは、それ以前にあった心の状態を言語行動に表せるようになることではなく、「言語によって表現できる仕方で心をもつようになることなのである（becoming minded in ways that the language is anyway able to express)[12]。」

表出説にとって、言語の機能とは、

（イ）世界を分節化することによってそれを明確な意識へともたらし、
（ロ）公共的空間を形成し、事物をそのうちに位置づけ、
（ハ）人間の本質的関心となるものを区別し分別化することにより、それをわれわれに提示することにある。

このように言葉の意味を状況のうちに位置づけること、あるいは概念的意識の場をこころのうちにではなく、世界のうちで理解しようとすること、これが哲学の重要な課題であると考えられる。われわれが本書において擁護しようとこころみてきた、道徳的実在論の基本的方向はそこにある。

（3）もちろん、「コミュニケーションの手段」という機能は人間の言語の重要な仕事である。しかし、それは言語のもっとも重要な機能ではない。自然言語の機能を表すには「ノイラートの船」

の比喩の方がより適切ではないかと思われる。ノイラート自身はそれを科学理論の言語に限定して使用しているが、しかし、われわれはその比喩を日本語や英語といった自然言語に拡張して用いることができるであろう。日本に生まれた幼児は直示的教示等の訓練、教育を通して日本語という「ノイラートの船」に、つまり、歴史的に受け継がれてきた公共的な概念のネットワークへと導かれる（initiation）。

われわれは「真空」のうちにではなく、特定の歴史と文化をもつ社会のうちに生まれてくる。その社会は行為を分節化し分類するさまざまな言葉をもっている。たとえば、

——「侵入する」「怒らせる」「落とす」「摑む」「スイッチを切る」

——「電話する」「挨拶する」「署名する」「売る、買う」「雇う」「契約する」

前者は意図的でも、非意図的でもありうる行為であるが、後者は普通、意図的でしかありえない行為である。われわれはそのような行為空間の中に生まれ落ちてくる。(13)

（4）われわれはまたこのように行為を分類する言葉のほかに、その行為やそれを遂行する人物を評価する言葉をもっている。先に上げたような「勇敢な（臆病な）」「高潔な（邪悪な）」「思慮深い（軽率な）」「洗練された（野卑な）」、等々の言葉はこの種の表現である。このように、歴史的な自然言語は「伝統の貯蔵庫」なのであり、その自然言語を習得することによって、われわれはエー

トス（人柄）を身につけていく。

さて、われわれの自然言語は歴史的であって、伝統の貯蔵庫であると述べたが、この見解は近世、現代の道徳理論と大きく異なっている。われわれが批判の対象としてきた功利主義にしても、二十世紀のエアーの情緒説にしても、道徳的概念が超歴史的、超社会的概念であるかのように、いわば永遠の相のもとにおいて、概念分析を行おうとしているといえる。[14]

われわれは、本書において、道徳的実在論を擁護する議論を提示してきたが、実在論を取ることと道徳概念を超歴史的に捉えることは同じことではない。具体的な簡単な事例を通してわれわれの考え方の方向を示しておきたい。

西洋倫理思想史が教えるところによれば、西洋近世社会における道徳概念の中心を占めるのは「義務」「責任」「自由」といった概念であるのに対して、古代ギリシア社会における中心概念は「善」「徳」および「思慮」といった概念である。[15]

また、同じ古代ギリシア社会でも、ホメロスの詩を生み出した社会から紀元前五世紀の都市国家社会へと変遷していくにつれて、「アガトス（ἀγαθός）」「アレテー（ἀρετή）」といった評価語の意味も変化していく。

前五世紀以前においては「アレテー」（卓越性）という表現は、社会的分業の成立にともない、たとえば、「羊飼いとしてのアレテー」「大工としてのアレテー」「医者としてのアレテー」といった仕方で、常に社会における役割との関連において使われていた。つまり、評価される行為の主体とは、社会における特定の役割の主体である、羊飼い、大工、医者といったように、技術知（テクネー）によって規定されるかぎりでの行為の主体であるといってよい。

しかし、前五世紀頃になると、文化の中心は当時民主制を取っていたアテナイに移っていき、そこでは議会や裁判所で、人々を説得する能力、つまり言論の能力が高く評価されるようになってくる。それにともない、プラトンの対話篇で示されているように、個々の役割、技術知における卓越性（アレテー）とは別に、「人間としてのアレテー（卓越性）」という言葉が登場し、「アレテー」とは何かが問題になってくる。すなわち、価値の問題、道徳の問題について反省がなされるようになってくる。また、その場合、「善」「徳」「正義」の問題は共同体（ポリス）の問題と不可分に結びついている。

以上のスケッチは、第一章で道徳的実在論の事例として紹介したソクラテスが登場してくる時代状況のごく簡単な紹介であるが、そのような状況の中で、ソクラテスはそれぞれの徳が何であるかを尋ねていくのである。ここで、第一章で紹介した、ソクラテスの「無知の知」をめぐる議論を確認して、次章の「徳」の概念の解明へと移っていくことにしよう。

紀元前三九九年、ソクラテスは喜劇作家メレトス等によって、（1）青年に害毒を流し（2）国家の認める神々を認めない（不敬罪）との理由で訴えられ、裁判にかけられる。

ソクラテスはその弁明において、自分はいま直接にはメレトス達に訴えられてはいるが、昔から人々に憎まれていたと述べ、その発端のひとつとして、「ソクラテスより智慧あるものはいない」というデルポイの神託をめぐる出来事を語っている。ソクラテスはこの神託に反駁するために、自分より智慧のある者を探し出そうとして、政治家、劇作家、手に職のあるものを尋ね、問答した結果を次のように述べている。

この男も私も、おそらく善美のことがらは、何も知らないらしいけれど、この男は、知らないのに、何か知っているように思っているが、私は、知らないから、そのとおりに、また知らないと思っている。(『ソクラテスの弁明』二一D)

このように、ソクラテスは、自分は善美の事柄に関して何も知らないということを自覚していることを述べ、次のように続ける。

しかし、実際はおそらく、諸君よ、神だけが本当の知者なのかも知れない。そして人間の知恵というようなものは、何かもうまるで価値のないものなのだということを、神託のなかで、神はいおうとしているのかもしれません。(『ソクラテスの弁明』二三A―B)

プロタゴラスの「万物の尺度は人間である」という言葉がロゴスをもたない動物に対してロゴス

をもつ人間の卓越性を宣言しているとすれば、ソクラテスは善悪の知をもつ神々に対して善悪の知をいまだ把握していない人間の身分を示しているといえるかもしれない。われわれは、人間の人間たる特質（人格）が自己の欲求を評価することにあり、その場合、単純な価値評価ではなく、強い価値評価がわれわれにとって重要であるということを確認したが、では、その価値の知をどのように捉えたらよいのであろうか。これが次の問題である。

第七章　価値の知覚と実践的推理

――エートス（人柄）論の視点から

（1）実践的知識の基本形態は行為者の自己知である。「何をしているのか」と尋ねられ、「手紙を書いているのだ」と答える場合、私は観察によらずに自分が何を為しているのかを答えている。さらに「なぜ手紙を書くのか」と尋ねられれば、私は「友人に礼状を書いているのだ」と答える。このように、われわれの行為の知は、たいてい、その行為の理由の知識をともない、その意味で、実践的知識は実践的推理を含んでいる。

（2）さて、実践的知識ないし実践的推理とは、ひとびとがある状況に直面して行為するとき、そこにどのような理由が働いているかを示すものである。その際、状況の知覚とひとびとの行為とは密接に関係しているが、ここで注目したいのは、行為者がその状況をどのように把握し、知覚しているかということである。ひとつの状況に対しては、さまざまに異なった記述が与えられるのであり、ある状況をどう把握するかは、行為者の人柄（エートス）や価値観と不可分なかたちで結びついている。したがって、智慧ある人の状況把握はおのずから愚かな人の状況把握とは異なっているのであり、この行為の文脈においては、価値意識から切り離された仕方で捉えられる「事実そのもの」といった概念はフィクションにすぎない。

それゆえ、われわれがこれまでに批判してきたように、相互に独立なものとして捉えられる「信念（知覚）」と「欲求（意志）」といった近世の二元論的図式が成立する場合は少なく、状況の知覚はそれを把握する人物の人柄と結びつくとともに、それは彼のなす行為へと直接繋がっていく。とくに道徳的行為の場合には、ヒューム的な行為の説明が前提する「欲求」といった要因がそこに介在する余地はないように思われる。

（3）ところで、「演繹的推理」と「実践的推理」の発見はアリストテレスがなした哲学への大きな貢献であるが、周知のように、前者は形式論理学として西洋の学問の伝統の中で受け継がれてきたのに対して、実践的推理の方は十分な評価がなされてこなかった。しかも、この実践的推理についての現代の標準的解釈は、その大前提と小前提とを「道徳原理とその適用事例」といったモデルを通して解釈するものであり、この解釈には、本書がいままで批判してきた「価値と事実」「欲求と信念」といった近世の二元論的思考が前提されている。(1)

われわれは実践的知識、実践的推理のこのような把握の批判を通して、真の意味での「実践的知識」はどのような構造をもっており、それは「徳」の概念とどう関係しているかを本章で考察していきたい。

1　アクラシア問題の意味

古代中国の「徳」という言葉は、元来、一種の生命力を意味していたといわれている。(2) 王者が天から与えられた生命力（支配力）とは、ある土地に臨んでその土地を秩序づけることを意味し、混沌に秩序を与えることが生命力の基本的機能だと考えられていた。やがて、王者が保つべき支配力として、倫理的な側面が強調されるようになり、儒教の流れを汲む「徳」の概念、つまり、徳行、徳育、威徳、人徳、不徳といった熟語が示すように、「身についた品性」とか「善い行いをする性格」を意味するようになってくる。

他方、古代ギリシア語の「アレテー（ἀρετή）」はより一般的な用法をもっており、身体諸器官や動物について、それが「優れている」「卓越している」という意味で用いられていた。前章の終わりで指摘したように、やがて社会の分業化にともない、羊飼い、大工、医者のような社会的役割に応じて、「羊飼いとしてのアレテー」「大工としてのアレテー」といった仕方で、それぞれの技術知における卓越性を表す表現として「アレテー」という表現が用いられるようになってくる。この用法はプラトンの初期対話篇において「アレテー」の概念の基本的意味として前提されているものである。

ところで、紀元前五世紀、デロス同盟の盟主として繁栄するアテナイは、民主制を取り、自由人の男性であれば誰でも、議会や裁判所において自己の見解を示して、ひとびとを説得することができるようになり、そのような国事行為における卓越した能力が「アレテー」と言われるようになる。つまり「アレテー」は弁論術といった政治的能力と結びつくようになり、「青年にアレテーを教える」ことを公言する「アレテー（徳）の教師」、すなわちソフィストが登場してくることになる。その場合、「アレテー」という用語は個々の技術知から切り離されて、「人間としての卓越性（徳）」という意味をもってくる。

このような歴史的文脈においてソクラテス、プラトンは「人間にとって卓越しているとはどのようなことか」と尋ね、「われわれはいかに生きるべきか」という道徳の問題に正面から立ち向かったということができよう。

『メノン』（七〇A）における、次のような問いはその一例である。

あなたは答えられますか、ソクラテス。――はたして徳は教えられるものでしょうか。それとも、それは教えられうるものではなく、訓練によって身につけられるものでしょうか。それともまた、訓練しても学んでも得られるものではなく、生まれつきの素質、ないしほかの何らかの仕方によって人々に備わってくるものでしょうか。

周知のように、この問いに対するソクラテスの答えは、われわれは「徳が何であるか」が分からないかぎり、いかにしてそれが習得されるのかを知り得ないというものであった。

だがプラトンの『国家』における道徳的心理学の先駆的考察を経て、この『メノン』の単純な問いの立て方は影を潜めて行っているように思われる。このプラトンを受け継ぐアリストテレスは、『ニコマコス倫理学』において、ソクラテスの問いの順序を逆転させ、「いかにして徳が獲得されるか」ということを通して、「徳とは何か」を捉えようとしていると解釈することができる。

この問いの転換はきわめて重要な意義をもっており、近・現代の道徳的考察に対する根源的な批判の視点を提供するものであるといえる。第五章で指摘したように、近世以降の道徳哲学は、カントや功利主義に示されているように、「善」「正義」「義務」等をめぐる道徳原理の追求であるといえる。そして、もし道徳哲学の仕事がそのような道徳原理の探究、道徳原理のコード化の営みであるとするならば、アリストテレスの道徳の考察は二次的、副次的な意味しかもちえないだろう。

しかし、アリストテレスにとっては、徳の考察は徳ある人の考察を通して遂行されるものである。換言すれば、「徳が何であるか」を知るためには、われわれは徳ある人を見習わなければならない。さらにいえば、徳ある人にならなければならない。徳を修得することによってのみ徳の何たるかを知ることができるのである。この一種同語反復的、循環的な答えのうちに道徳の重要な特徴が示唆されている。

ところで、先に、アリストテレスは『メノン』におけるソクラテスの問いの立て方を逆転させたと述べた。しかし、それはかならずしもソクラテスの精神からの離反を意味するものではない。ソクラテスにとって、徳とは「魂のすぐれてあること」に他ならないが、それは「知」を離れてはありえず、「徳は知なり」というテーゼはソクラテスの基本的立場であった。そして、知とは他の諸能力を宰領してひとをよき行為へと導く最強の力であり、したがって、『プロタゴラス』(三五三C—三五七E)では、「ひとは善と知って行わず悪と知りつつそれを行うということはありえない」というアクラシア(無抑制、意志の弱さ)の否定が主張されることになる。しかし他方、「我が欲するところの善はこれをなさず、かえって我が憎むところの悪はこれをなすなり」という思いは誰しも日常実感するところである。したがって、「アクラシアの否定」というソクラテスのパラドックスをどう解決するか、これがアリストテレスに課せられた大きな課題であった。

ここで、「アクラシア(*ἀκρασία*)」というギリシア語の意味について確認しておこう。*ἀκρασία* の *α* は否定を示し、*κρασια* とは力(*κράτος*)という意味であって、したがって、*ἀκρασία* とは力の無いこと、力をもって自己自身を抑えることができない状態、無抑制を意味する。それに対して、反対語エンクラテイア(*ἐγκράτεια*)は自己自身を抑える力をもっている状態であり、抑制であり、自制である。アリストテレスは「無抑制な人は、そうすることが劣悪なことだと分かっていながら、情念の情態のゆえにそれをなす人である」(『ニコマコス倫理学』一一四五b12—13)と述べている。

それゆえ、「ひとは善と知って行わず悪と知りつつそれを行うということはありえない」というソクラテスの「アクラシア（無抑制）否定」が提起する問題とは、道徳的行為における知性（理性）と欲求（情動）がどのように関係するかという問題であるといえる。『ニコマコス倫理学』第七巻三章はそれを主題にしているが、これをめぐってきわめて多くの論考が著されているのは、問題の重要性からして、当然であろう。

さて、ほとんどの解釈者は、アリストテレスがソクラテス・プラトンの理性（知性）主義の立場を基本的には堅持しているとする点において一致している。しかし、問題はその理性主義をどう把握するかである。先に「徳を修得することによってのみ徳の何たるかを知ることができる」というアリストテレスの視点を紹介したが、それは徳の教育的・発達的側面から問題を捉えるという態度である。

しかし、従来、アクラシアを論じる場合、魂の発展、陶冶という視点を抜かして、少々極端に表現すれば、実践的推理の大前提命題と小前提命題の関係の分析を通してそれが捉えられてきた。したがって、アクラシアの解釈は、「ソクラテスのパラドックス」という謎解き問題に対応するものが多かった。たとえば、アクラシアを説明するひとつの解答は、人々は道徳原理の知を口では唱えていてもそれは「酔漢がエムペドクレスの詩句」を唱える状態と同じ状態にあるために、欲望に打ち負かされ、その結果アクラシアが生じてくる（一一四七a11―13）といったかたちで、知（信念）の形態の分析を通して説明するものであった。

わが国の古典学者たちの代表的な諸論文もアクラシア問題の解明のために、実践的三段論法の大前提と小前提の関係の問題に集中し、複雑で精緻な分析を通してアクラシアの現象を説明しようとしているといえる。そして、その要点はほぼ上に示した通りである。[3] たしかにこの説明自身アリストテレスが述べているものである。しかし、そのような分析では、アリストテレスがアクラシア問題を通して正面から取り組んだ課題に十分なかたちで答えるものになってはいないと思われる。

　われわれはこのような現代の伝統的なアクラシア解釈に対して、二つの論点を提示したい。

（1）ひとつはアクラシア問題を第七巻第三章に収斂するのではなく、先に指摘したように、ソクラテスの「徳とは知なり」というテーゼを『国家』のプラトンがどう受け止め、それをアリストテレスがどのように継承して行ったかという、大きな文脈の中でその問題を捉えなければならないという点である。[4]

（2）もうひとつは、アリストテレスが実践的推理をどのように把握しているかという問題である。はじめに指摘したように、私は伝統的解釈はその点で誤っていると考える。徳の修得、徳の生成という視点から問題を捉えるわれわれにとって、「信念や欲求は命題で表される事態である」ということよりも、まず「信念や欲求はひとに宿る」という点が肝心であると考える。信念や欲求は人々の性向（ἕξις）や人柄（ἦθος）の形成と切り離して捉えることはできない。この平凡な真理のもつ重要な意味は、アクラシア（無抑制）を問題にする場合、無抑制の人から切り離してそれを問題にすべきではなく、また無抑制の人は徳ある人との対照的な関係において解釈され、捉えられるべきである。[5]

「無抑制の人」「抑制ある人」「徳ある人」という三つの概念は、次節でくわしく考察するように、「抑制ある人」「無抑制の人」に対して「徳ある人」がカテゴリー的に区別されるのであり、徳ある人とそうでない人の区別の視点から実践的推理を問題にするならば、万人に成り立つごとく解されている「道徳原理とその適用例」という従来の解釈とは異なる、実践的推理のより基本的な意味が明らかになってくると思われる(6)。

実践的推理の大前提に道徳原理を置き、小前提にその適用事例をあてがう従来の実践的推理の分析は、いわば近世の知の概念や道徳哲学に「汚染された」前提の下で、アリストテレスの実践的推理を捉え、それを通してアクラシアの問題を解こうとするものである。しかし、この解釈ではアリストテレスが強調する「道徳行為における状況把握（知覚）の意義」を充分な仕方で捉えることが不可能になってくる。要するに、アリストテレスにとって「実践的推理」「実践的知識」とは何であったか、さらにはそもそも「実践理性」とは何かを根本的に問い直す必要があると思われる。

2　知覚と推理――「実践理性」の再検討

猫が小鳥を知覚し、その小鳥に目を向けながら忍び寄っている場合、われわれは「猫はその小鳥を捕らえようとしている」とその意志を語る。このように人間のみならず、他の動物にも意志とか意図を認めうるが、しかし、人間と他の動物とではその意図的行為の形態が大きく異なっている。

猫は小鳥を知覚することによって、忍び寄る動きを開始し、小鳥を捕獲する。意図される目的とそれを引き起こす動因（刺激）との関係は直接的であり、単純である。

他方、人間の振舞いとそれが目指す目的の関係は直接的ではなく、時間的空間的な距離があり、その関係は複雑である。もちろん、それは人間に言語を介した概念的思考能力があるためであるが、人間の振舞いとそれが目指す目的とを関係づけるのが、アリストテレスが「思案（βουλή）」と呼ぶ作用であって、その構造を表す実践的推理をどう解釈するかが大きな課題であるといえよう。

われわれが行為するとき、それに先行してかならず思案という営みをなしているわけではない。しかし、「なぜそのような行為をするのか」と尋ねられ、その行為の理由を述べる場合、行為者は自己の思案の構造を提示しているといえる。

ところで、従来、アリストテレスはこの思案のタイプ、つまり、実践的推理のタイプとして二つの型を区別していると解釈されてきた。すなわち、

（イ）そのひとつは「目的‐手段型」の推論と呼ばれているものであり、次のように述べられる。

> われわれが思案するのは目的に関してではなく、目的へのもろもろのてだてに関してである。……ひとびとは目的を設定した上で、この目的がいかなる仕方で、いかなる手段によって達成されるであろうかを考察する。（一一一二b11―17）

このように、まず目的を設定した上でどのような手段でそれを実現するかに思案が関わる場合があり、それは目的ではなく、手段に関わる推理である。通常、この推理は医術や大工術等の技術知と結びつけられる。

（ロ）それに対して、もうひとつの推論のタイプは、思案や選択が手段に関わるのではなく、目的そのもの、つまり行為選択が行為それ自身のゆえになされるような推論である。この事例としてよく次の推論が上げられる（一一四七a1—9）。

大前提　乾燥した食物はすべての人間が食べるべきものである
小前提　これは乾燥した食物であり、私は人間である
結論　　私はこれを食べる　（行為）

ここでの「乾燥した食物はすべての人間が食べるべきものである」という大前提は、もちろん道徳的規範ではないが、正しい行為を示す一種の規則であり、小前提はその具体的な事例を示している。そこで、この思案のタイプは普通、「規則‐事例型」の推論と呼ばれている。

元来、実践的推理とは行為における思案の構造を示すものであるが、一方において、技術知における推論として目的‐手段型の推論をわれわれはたしかに認めることができるし、また他方、上の「乾燥した食物」の推論のような規則‐事例型の推論を認めることができよう。

しかし、話を行為一般から道徳的行為へと限定する場合、多くの解釈者たちは技術知に属する目的－手段型の実践的推理ではなく、規則－事例型の推論を道徳に関わる実践的推理として捉えており、それを「道徳規範とその適用事例」として把握しているように思われる。(7)

たとえば、アーウィンは、大前提においては何をなすべきかに関する一般的観念が述べられ、小前提に個別的、具体的な命題、つまり大前提の一般的観念の適用事例である知覚命題が上げられ、それを介して演繹的なかたちで行為が導かれると解釈する。(8) D・チャールズもほぼ同じ解釈をしており、また我が国の古典学者も同様の解釈をするものが多いといえよう。(9)

しかし、行為選択（προαίρεσις）を支える実践理性の働きの説明としてこのアーウィンの説明には二つの大きな問題点がある。

（1）まず、アリストテレスは実践の不確定性、予測不可能性、開放性を的確に把握し、それを明記している点を上げなければならない。

すべて、行為に関する論述は、これを大まかに論ずべきで、精確に論じない方が益が多いという点についてだけは、あらかじめ合意を得ておきたい。それは、この書物の初めで、要求さるべき論述は扱われる素材に応ずると言っておいたとおりである。行為がそれにかかわるもの、すなわち、われわれの役に立つものはすこしも固定したところがない。（一一〇四ａ１―３）

このように、アリストテレスは道徳的規範をコード化することができないことを繰り返し指摘している。人間の関心はあらかじめ定まっているわけでもないし、ヒエラルキー的に秩序づけられるようなものでもない。また直面する新しい状況を反省することによって既存の秩序が崩れ、人生や行為の見方が変容をうけることもある。したがって、実践的推理の大前提にコード化された道徳原理が述べられ、小前提にその適用事例が入る、といったかたちで行為遂行のための実践的推理をアリストテレスが捉えていると解釈することはむずかしい。むしろアリストテレスが実践的推理を通して明らかにしようとしているのは、人間生活の諸関心を記述、解明し、それらの諸関心がどのようなかたちを取って、行為や決断として結実してくるのかであって、その構造を理論的に明確にしようとしているのである。

（2）そのことと関係して、第二の論点として指摘したいのは「賢慮（φρόνησις）が知覚能力である」ことをアリストテレスが強調している点である。

ヌース（直観）はそれが実践的な推理に関わる場合にあっては、最終的なもの、つまり、他の仕方でありうる個別に関わる、すなわち小前提に関わる。まことに、こうした個別が端初をなして「目的とされるもの」（τὸ οὗ ἕνεκα）も形成されるのである。個別的なものからして一般的なものが到達されるわけである。（一一四三a35―b5）

アリストテレスが実践的推理のパターンを「三段論法」と呼ぶのは、演繹的な仕方で結論づけたり、主張したりすることと、実践的に結論に到達し、行為することの間に類似性があるためである。しかし、彼はそのような実践的推理を、演繹的推理の場合のように、大前提の実践的真理を維持しながら結論（の行為）へと導く推論の学に属すると考えてはいない。

重要な点は、行為者は小前提の真理のうちに大前提に登場しうる関心（目標）を実現する方法を見て取ることができるということにある。上の引用における「こうした個別が端初をなして目的とされるものも形成される」という把握は、小前提が大前提に述べられた普遍的な道徳的規範の事例の単なる事実確認ではないことを明確に指摘している。実践的推理においてもっとも重要で難解な問題は、その状況をどう規定すれば、それが十全で現実的な規定になるかを捉えることである。行為者はその状況にふさわしい行為とは何かを考えなければならないが、その際、何を犠牲にして何を選択するかを決定するのはきわめてむずかしいことをアリストテレスは指摘しているのである。

以上において、アーウィンに代表される伝統的解釈に対して、道徳的原理のコード化の不可能性、ならびに小前提は大前提の適用事例の単なる確認ではなく、より創造的な点をもっていることを指摘したが、それを通して、道徳的な実践的推理はアーウィンの主張する「道徳規範‐事例」型の推論ではないことが示されたと考える。

しかし、それではアリストテレスの実践的推理の構造を積極的にどのように解釈すべきであろうか。『動物運動論』において次のように述べられている。

今の場合（実践的推理の場合）では、二つの前提から出た結論は行為となる。すなわち「すべての人は歩かねばならぬ」と考えるならば、彼自身も人であるから、ただちに歩く、……私が善を作りださねばならぬとすれば、家は善であるから、ただちに家を作る。……行為の前提には二種類、すなわち、善なるものと可能なるものとがある。（七〇一 a 9以下）

ここで、大前提は「善なるものに関わり」、小前提は「可能なるものに関わる」と述べられていると解釈することができよう。大前提では「欲求的状態」が問題となり、小前提ではその欲求を充足する事態の知識、つまり「信念的状態」が述べられる。

ヌスバウムは『動物運動論』のこの実践的推理の記述を次のように解釈している。

アリストテレスにとってこの種の記述の説得力は、それが行為者の欲求と彼を取り巻く世界で事態がどうあるかということの知覚を、つまり、行為者の主観的な動機づけと彼をめぐる客観的な条件を関係づけるその能力にある。（二七八頁）

しかし、次のような疑問が投げかけられるかもしれない。われわれは本章のはじめにおいて、従来の伝統的なアリストテレスの実践的推理の解釈にはその背後に近世の「心」の概念が前提されており、両者を切り離す必要があることを強調した。だが、いまわれわれが提示している解釈はまさにそのようなヒューム的な行為の説明と同じではないか、という疑問である。
ヒュームによれば、行為は広い意味での欲求と信念から形成される。信念や知識は静観的、対象描写的であり、それに対して、欲求はその実現に向けてわれわれを動かすものであって、信念と欲求という行為の動機を形成する二つの要因のうち動機を動機たらしめる主要因は欲求であり、信念はそれを実現するための手段的要素である。ヒュームの有名な「理性は情念の奴隷である」という言葉はこの事情を表現しており、二十世紀のイギリス道徳哲学の主流もこのヒュームの「欲求と信念」の二元論的見解を受け入れてきたということができよう。[10]
われわれの解釈においても、実践的推理の大前提では「欲求的状態」が、小前提では「信念的状態」が問題になり、形式的には「欲求と信念」の形態を取る。しかし、まず強調しておきたいことは、ここでの欲求とは、第六章での用法と同様な、価値評価もそのうちに含むような広義の「欲求」であり、この用法はアリストテレスの用法とも一致するという点である。
さて、われわれの狙いは、まさに「欲求と信念」という二元論的解釈の批判であり、欲求的状態と信念的状態は相互に独立なものではなく、相補的に規定しあうものであるという点を強調することにある。たとえば、われわれがある状況に遭遇する場合（信念的状態）、それによって欲求的状態が顕在化してくるが、しかし同時にその状況が含む諸特徴のうちからある特定の特徴に注目する能力は、われわれの欲求的状態（つまり、価値意識）から切り離すことはできないのである。そして、このような相補的に規定しあうプロセスの背景には行為主体の「エートス」が働いている。

さて、大前提の欲求的状態には人生についてのさまざまな理念や観念、つまり多様な価値観が含まれている。それは首尾一貫した体系をなすものではなく、たがいに競合するものを含んでいるが、これは人間が非合理だということではなく、われわれ人間は共約不可能な（incommensurable）価値を抱いて生きていることを示すものである。

他方、小前提に現れる信念的状態とはわれわれが現実の世界において遭遇する多様な状況についての認識である。すでに繰り返し指摘してきたように、ここで重要なのは、一つの状況はすべての人にとって同じものとして現れてくるのではないということである。アンスコムは、ひとつの出来事はさまざまに記述されるという点を強調したが、状況はそれを捉える人によって異なった相貌をもって立ち現れてくる。

ところで、欲求的状態と信念的状態は相補的に規定しあうものであると述べたが、それは次のような意味においてである。すなわち、すぐれた実践知の所有者はある状況に遭遇した場合、その多様な相貌の中から人間存在の理念、つまりそれを実現することがわれわれひとりひとりにとって目標であるような理念に関わる特性を取り出してくる。あるいはまた、逆に、その実現がわれわれに不幸や悲惨をもたらす現象に注目し、それを取り除こうとつとめるのである。

人生におけるこの理念という観念は、多種多様なものごとに対する多様な価値評価や関心、配慮となって現れてくる。しばしば強調してきたように、それは決して格率や普遍的な命法のかたちで与えられないことを確認しておく必要があろう。

大前提と小前提が密接不可分なかたちで相補的に関係する構造を、ウィギンズは次のような簡潔な表現を通して的確に描いている。(11)

（イ）小前提は、ある人物に対して、その状況の下で彼が対応すべきもっとも顕著な特性として彼に立ち現れてくる相貌を記録する。（ロ）この小前提（として記述される出来事）はそれに相応しい大前提を活性化するが、（ハ）そのような仕方で活性化された大前提に登場してくる人間の生に関する彼の関心が（逆に）、その状況下で（いま彼に立ち現れている）この相貌をもっとも顕著な相貌たらしめるのである。

（なお（イ）（ロ）（ハ）の記号は引用者の挿入）

このウィギンズの説明において、（イ）→（ロ）→（ハ）へと推移し、（ハ）からさらに（イ）へと循環的に転換していくと解釈することができよう。そしてこの説明は具体的な文脈における実践的推理の形態であるが、次節で問題にするように、これはまた人々が徳の習得過程において学習する形態でもあるといえる。われわれはこの説明のうちに「エートス」の学としてのアリストテレスの道徳哲学の核心を認めることができよう。

しかし、それだけではない。このウィギンズの指摘において、われわれが第四章で批判した、J・エアーからR・ヘアを経てS・ブラックバーンに至る二十世紀のイギリス道徳哲学の主流を形成する情緒説(emotivism)、投影説（projection theory）に対する批判の原点を読みとることができると考える。(12)

まず、ウィギンズは行為者の主観性を強調する点では投影説と同じ態度をとる。われわれは状況のうちに道徳的特性を把握するが、そのような特性の把握は道徳的感受性をもつ存在者にとってのみ可能となるものである（ちょうど、「赤」の知覚が視覚能力をもつ者にとってのみ可能なように）。しかし、投影説とは異なり、この道徳的特性は心の単なる投影ではなく、心は道徳的特性の「生みの親」ではない。換言すれば、感受性と道徳的特性は「親と子」の関係としてではなく、相補的に関係づけられる「兄弟」関係として捉えられなければならない。対象世界の道徳的特性は感受性を通して生み出されるのではなく、いわば「照らし出される」のである。

ここで、以上のウィギンズの抽象的な規定を理解する手助けとして、次のような具体例を上げておこう。(13)すなわち、

ある人物が楽しみにしていたパーティに出かけようとしたところに、突然、悩みを抱えた友人が尋ねて来る。その人物は友人の様子を見て取り、彼の悩みを聞き勇気づける必要があると感じ、パーティへの出席を取りやめる。

さて、この人物の行為を説明するものとしては友人に対する関心（思いやり）の深さとその友人

が悩みを抱えているという事実判断である。そこから彼はパーティの出席を取りやめるのであり、ここに欲求が入る余地はない。

それに対してヒューム的二元論者から「その人物は楽しいパーティに出かけるべきか、欠席すべきかどちらがよいかを考慮し、パーティに出かけるという選択を退けたのであり、やはりここで欲求の問題が入ってくるのではないか」と反論されるかもしれない。

この反論に充分な仕方で答えるには、われわれの行為と結びつく通常の価値と道徳的価値とを区別する必要があり、この区別については、前章においてある程度示しておいた。しかし、問題は複雑であり、ここでは議論を単純化して、道徳的実在論者たちの基本的な方向を述べておきたい。それは、すでに指摘してきた、次のような考えである。すなわち、小前提における「状況の知覚」を強調する実在論者の見解の根底にあるのは、「状況がもつ道徳的特性は道徳的感受性（moral sensibility）を持つ人にとってのみ見えてくる」という洞察である。

右の人物は、楽しいパーティに出かけるか欠席するかどちらがよいかを考慮し、その幸福（快楽）計算をして一方の帰結を選択しているのではない。状況がもつ道徳的特性を知覚的に把握し、行為しているのであり、その意味でその行為は条件的命法に従う行為ではなく、定言的命法に従う行為なのである。

3 「魂の力」——「徳ある人」と「無抑制の人」

（1）道徳的領域における実践的推理、つまり状況の知覚を通して成立する行為は定言的命法のかたちをとるが、そこには状況を知覚する行為者のエートスに基づく道徳的感受性の作用が大きく反映している。

「徳は知である」とするソクラテスにならって、知識とはもっとも力づよい能力であり、人を善き行為に導くものであるとするわれわれの立場にとって、抑制ある人と無抑制の人の区別は基本的カテゴリーではない。もっとも基本的なカテゴリーは「徳ある人」と「そうでない人」の区別である[14]。そしてパラドクシカルに響くが、徳ある人にとっては「抑制すべき欲求は存在しない」という見解がわれわれが取ろうとする考え方である。

この事情を理解するためには、「抑制ある人や無抑制の人は、徳ある人がもっている状況の知覚を完全には共有していない」という点の把握が肝要である。徳ある人にとって、ある状況を知覚すれば、その行為以外の行為の可能性はその人物に生じてこないのであり、「状況の知覚はそれ以外の行為の可能性を沈黙させる（silencing）」ことになる[15]。

第六章で指摘したように、「勇気」「思慮深さ」といった「徳」の概念は、快の原理によって規定される条件的命法ではなく、定言的命法に関わるものである。しかし、それはカントの場合のように、普遍的理性の作用としての形式的な定言的命法ではない。われわれは、教育と修練によって、道徳的感受性が洗練され、その感受性を通して状況の道徳的特性を把握することができるようになる。繰り返せば、ひとがある状況で何を為すべきかを知る場合、それは普遍的原理の適用によってではなく、ある種の人柄、つまり状況をある特有の仕方で捉える人物になることを通してであるというのが、われわれのアリストテレス解釈である。このようなわれわれの立場を、功利主義やカントの義務理論と対比して、モラル・センス（moral sense）の哲学と呼ぶことができよう。

黒田亘は、アリストテレスの実践的知識を「人間の魂に属する力（δύναμις）としての知識」であると把握しているが（『行為と規範』九四頁）、この「魂に属する力」は個人個人の経験に深く根ざしたものであり、それゆえにこそ行為を導く力をもちうるといえる。「いかに生きるべきか」に関する徳の概念は、具体的な生活の文脈においてどのような関心を充足させるかという傾向性として捉えられるが、しかしそれとともに、それは状況をどのように把握するか、つまり小前提に登場する状況の把握に連動してくる。すなわち、この事実判断・知覚判断における「事実」とは「万人に捉えられるものではなく、道徳的修練を積んだひとにとってのみ見えてくる事実である」ことを銘記する必要がある。

(2) そこで、徳ある人が所有するこの「実践理性」の概念を、アーウィンのアリストテレス解釈との比較を通して、もう少し明らかにしておこう。

アーウィンの解釈は、実践理性を感情の修練から独立に成立するものとして把握するが、この見解は先にわれわれが批判的に検討した彼の「実践的推理」についての解釈と密接に対応している。すなわち、「道徳的規範とその適用事例」として実践的推理を捉えるアーウィンの解釈は、理性と感性の二元論に根ざしており、感情や感性が実践理性のうちに浸透するということはありえない。

この解釈では、感性の教育つまり「非認知的訓練」の役割はわれわれの実践的推理（practical ratiocination）の内容を決定するものではなく、ただわれわれが、実践理性が告げる内容を歪めることなく、注意深く聞き従うようにすることにある。このように、実践理性は感性から独立の自立性をもつものとして捉えられている。

それに対して、われわれは「実践理性は道徳的感性に依存する」という見解こそアリストテレスの考えであると主張する。また、アーウィンの「道徳的規範とその適用事例」という解釈に対して、われわれは、前節で、実践推理の大前提と小前提の相補的な密接不可分の関係の説明を通して、それを批判したが、ここで、マクダウェルが上げている「性的快楽」の単純な事例を使って、われわれの見解を補足しておこう。

節度ある人・賢慮ある人（*φρόνιμος*）とは特定の状況において、彼らの周りのどの事実が実践的に重要であるかを洞察する能力をもつ人物である。たとえば、節度ある人にとっても性的快楽それ自体は好ましいものであるが、しかし、ある状況ではそれを充足させることは正しい行為ではない。相手が人妻であるという事態はそのような状況であり、その場合、節度ある人にとって性的快楽の欲求充足は実践的に意味あるものとして現れてはこなくなる。相手が人妻であるという事実は彼の性的快楽の欲求を「沈黙させる」のである。このように節度ある人の動機的エネルギーはひとつの方向に収斂し、彼を迷わす欲求の分裂や逸脱は存在しない。

それに対して、「抑制ある人」にとっては、この場合、性的快楽の欲求充足は意味あるものとして現れ続けるが、しかし、彼はその欲求を「抑制する」ことになる。他方、それに対して、「無抑制の人」とはその欲求を抑制すべきだと思いながらも抑制できない人物である。

この「徳ある人」と「抑制ある人」「無抑制の人」との区別は心の哲学にとってきわめて重要であり、そこには、今後、解明すべき多くの課題が存在している。しかし、ここでわれわれが強調したいのは、「実践理性の発展はエートスのしかるべき発達から切り離すことはできない」という考え方である。[16] この点をもう少し考察してみよう。

ここで、人物Aと人物Bがある道徳的状況に直面しており、BはAよりその状況把握能力（sensibility）が劣っていると想定してみよう。このBの状況把握能力を「心的に不完全な知覚能力」と呼ぶとすれば、この「不完全性」はわれわれ人間の通常の状態であるといえる。そして、この状況把握能力の欠陥は、主として、禁欲、沈着、忍耐、注意深さ、等々の欠陥によるというのがわれわれの指摘したいポイントであり、また、この禁欲、沈着、忍耐、注意深さ、等々は行為遂行的能力（executive virtues）に関わる能力であると考える。

とするならば、状況把握能力（知覚能力）と行為遂行能力は二つの独立な能力として捉えるべきではなく、相補的、補完的な能力と捉えるべきであろう。たとえば、勇気の徳を習得するには恐怖の感情を含む具体的な状況において勇気ある行為にしばしば遭遇し、自分でもそのような行為を実際に行う必要があるが、この勇気ある行為の遂行にとって状況の的確な把握は不可欠である。しかし、逆に、状況を的確に把握することができるようになるためには、禁欲、沈着、忍耐等々の行為遂行能力が必要になってくる。

徳ある人とは、ひとつの理念形態である。われわれ不完全な人間は教育と訓練を通してさまざまな行為遂行能力を身につけることによって、「動機的エネルギーを統一化する能力」を獲得するようになる。徳ある人物が、相互に還元不可能な多様な価値が混在している道徳的状況に直面した場合、彼の動機的エネルギーはひとつの方向に収斂し、欲求の分裂といった事態は生じない。このような理想形態をわれわれは想定することができるであろう。そして、これがソクラテスの「徳は一である」という思想と結びつく事態であるといえよう。もちろん、この問題は、今後、追求していかなければならない大きな課題である。(17)

実践理性の発展はエートスのしかるべき発達から切り離すことはできない。この点を中心に据えるわれわれの視点からすれば、「状況把握能力」と「行為遂行能力」は二元論的に捉えるべきではなく、同じ能力の二つの側面として把握すべきである。実践的知識は個人個人の経験に深く根ざしたものであり、それゆえにこそ行為を正しく導く力をもちうるのである。人間のエートスの学としてのエーティケー（ἠθική）はこの「魂の力」に関わる学問であり、ソクラテスの教えやアリストテレスの倫理学はそれを主題にしているといえる。

注

序論

（1）本書においては、「倫理学（エシックス）ethics」ならびに「道徳（モラリティ）morality」という表現をほぼ同義なものとして使用する。

「エシックス（ethics）」という語は、アリストテレスの著作名として用いられた「エーティカ（ἠθικά）」という語に由来するが、しかし、その語のもともとの意味は「倫理学」「倫理」ではなく、「エートス（ἦθος＝人柄、品性）にかかわる」という意味である。そこから出てくる「人柄に関わる徳」の概念は「知性に関わる徳」と対比的に用いられており、前者にしか対応しない「エーティカ」を「倫理学」とすることは問題があるといえるかもしれない。

しかし、他方、アリストテレスは「政治学」の一部として『ニコマコス倫理学（エーティカ・ニコマケイア）』を書いており、その主題は「完全な徳に従った魂の活動」としての幸福をめぐる、人間の生き方と行為のあり方に関する諸問題である。そうした視点からすれば、「エーティカ」を「倫理学」という意味として捉えることができ、その意味を規定した最初の人物はアリストテレスであるといえる。それに対して、「道徳」という表現の方は、ローマ人キケロがラテン語になかった「moralis」という語を造り、ギリシア語の「エーティケー」の訳語としたことに由来する（藤澤令夫（2）一九四～二一六頁を参照）。

なお、「倫理」と「道徳」の関係について、B・ウィリアムズは「語源を見れば、この二つの言葉の違いはラテン語とギリシア語の違いにすぎず、いずれも性向ないし慣習という意味の語に関わるものである。一つの実質的な違いは'moral'のもととなったラテン語は、どちらかというと社会の期待という意味を強調するのに対し、ギリシア語源の方は個人の性格の面を強調するものだという点である」（ウイリアムズ（2）一〇頁）と述べている。

この「倫理学」という概念の、アリストテレスとソクラテス、プラトンの関係をめぐる問題については中畑正志の論文「「倫理学」の成立をめぐる基本問題」を参照されたい。中国古典の用法については和辻哲郎の第一章「人間の学としての倫理学の意義」（七〜十三頁）を参照。

（2）この「側面から眺められた位相（sideways-on view）」という表現はマクダウェルの術語であって、彼の著書 *Mind and World* (pp. 34-6, 41-2, 82-3, 152-3, 168-9) や論文集 *Mind, Value, and Reality* (pp. 63-4, 126-9, 189, 211-2) によく登場する。「側面から」に対比される「正面から」という表現はほとんど使われてはいないが、自然言語の習得を通してわれわれが捉えている世界像に属するものである。たとえば、自己の行為の理由を述べる際に登場する位相であるといえる。それに対して、「側面から眺められた位相」とは科学的法則命題によって捉えられるものである。私は、本書において、この表現をしばしば用い、それを「自然言語による把握」と対比するために、「科学的言語による把握」を表すものとして使用している。この概念は本書の立場にとってきわめて重要であり、そのくわしい説明は第三章の注（19）において行う。

第一章

（1）ここに述べられた見解についてはウィギンズ（1）pp.355-6 参照。

（2）ソクラテスの「無知の知」の解釈については田中美知太郎（1）、納富信留を参照。

（3）マクダウェル（2）の論文 "Virtue and Reason"、ウィギンズ（2）の論文 "Truth, Invention, and the Meaning of Life" また、田中美知太郎（2）を参照。

（4）山本信を参照。

（5）エアーの Chap.6, ブラックバーン（1）Chap. 6 を参照。

（6）ムーアの Ch.1, 岩崎武雄（1）五八〜六七頁、黒田亘（2）三四〜四二頁を参照。

（7） ワーノック Ch.4, ダーヴァル、ギッバード&レイルトン pp.15-19, マッキンタイア（2）第三章を参照。

第二章

（1） 科学的実在論を取る場合、思い出す、意図する、期待するといった心的作用、さらに喜び、悔恨、等々の心的性質をどのように位置づけるかが、大問題であり、そのひとつの解決策は、心を物理的状態に還元する還元主義である。大脳一元論と呼ばれる、この還元主義の思想には、理論上の単純性という大きな魅力が存在する。しかし他方、この還元に対しては、われわれの素朴な常識からの強い抵抗も存在する。

それに対して、より素朴な見解として伝統的な心身二元論があるが、しかし、周知のように、この二元論に関しては、心身関係をはじめとする多くの難問が山積している。

（2） この第二性質の身分の考察は、本書の主題である善悪、美醜、等々の価値的性質の解明のためのものである。科学革命の思想を体現する道徳的反実在論によれば、これらの価値的性質は対象世界に内在するのではなく、人間の「心」に帰属する性質として世界から締め出されることになる。

その場合、われわれはどうして美的価値や道徳的価値が対象世界に帰属すると考えるようになるのかということを道徳的反実在論者は説明する必要がある。すなわち、ギリシア以来の「現象を救う」という課題に答えなければならない。この問題については第四章「事実と価値」において批判的に考察する。

（3） マッキーの倫理学の特色については、『倫理学』の監訳者である加藤尚武の広い視点からの解説（三六四〜三八三頁）をまず参照されたい。また、マッキーの追悼のために編まれた論文集 *Morality and Objectivity* が重要である。そこには、ヘア、ウィリアムズ、フット、セン、ウィギンズ、マクダウェル、ブラックバーン、等々が自己の倫理学をマッキーのそれと関係づけながら提示している。本書第二章の私の議論はマクダウェル（2）の論文 "Values and Secondary Qualities" に負うところが大きい。

（4） マッキー（1）pp. 48-9, 邦訳五九〜六一頁参照。

（5） このマッキー解釈を私はマクダウェル（2）の前掲論文に負っている。マクダウェルはマッキー（2）から、このマッキー解釈を導いてくるが、本書のすぐ後で引用するマッキー（1）のp.19（邦訳、一五頁）によって、明らかであると思われる。

（6） この見解は前掲のマクダウェルの論文pp.136-139に負っている。

（7） 菅（3）を参照。

（8） バーニェト（2）を参照。

（9） マクダウェル（3）の論文 "Singular Thought and the Extent of Inner Space" p.241を参照。

第三章

（1） 本書第六章第3節の（3）「価値の言語空間」ならびに、菅（2）一六一〜一六四頁、またテイラー pp.127-8、マクダウェル（1）pp.124-6を参照。

（2） 本書第四章第2節を参照。

（3） この節で述べた見解については、桂壽一の第一章を参照。

（4） この見解については山本信に負っている。

（5） この問題については、第六章第3節、第七章第3節でわれわれの向う方向を示している。

（6） この解釈については、アンスコム（2）のpp.68-9に従う。しかし、石黒ひではこれとは異なる興味深い解釈を取っている。

（7） *Wittgenstein und der Wiener Kreis*, S.209-10、『ウィトゲンシュタインとウィーン学団』三〇四頁。

（8） 直示的定義については菅（2）八七〜一一四頁、ベイカー &ハッカー Chp. 2 を参照。

（9） ロック、Book III, ch.11, sect.9 を参照。

（10） グリースン、六一七頁（邦訳）参照。

（11） ウィギンズ（1）の論文 "Truth, and Truth as Predicated of Moral Judgements" pp.149-80、岡部勉、第二章を参照。

(12) 本書第四章第1節、第3節を参照。

(13) 菅（5）を参照。

(14) マクダウェル（2）の論文 "Two Sorts of Naturalism" を参照。

(15) 菅（3）、モラウェッツの第六章を参照。

(16) モラウェッツの第五章を参照。

(17) 野家はハーバマスの『認識と関心』から「経験のアプリオリ」という概念と「論証のアプリオリ」という概念の区別を取り上げ、「この〈経験のアプリオリ〉はわれわれの生活世界における対象認識を構造化し、客観化する条件であり、他方で〈論証のアプリオリ〉とは、理論形成の間主観的妥当性を保証する条件にほかならない」とし、「前者の条件は主として日常的な「言語」の使用にその根拠をもつ」と押さえている。

(18) ウィリアムズ（1）のChap.8を参照。この見解に対する批判としてマクダウェル（2）の論文 "Aesthetic Value, Objectivity, and the Fabric of the World" を参照。

(19) 序論の注（2）で述べたように、この「側面から眺められた位相（sideways-on view）」という表現はマクダウェルの術語であり、彼の著書や論文によく登場する。「側面から眺められた位相」とは科学的法則命題によって捉えられるものである。私は、本書において、この「側面から眺められた位相」という表現をしばしば用い、それを「自然言語による把握」と対比するために、「科学的言語による把握」を表すものとして使用している。

アンスコムは『インテンション』において、「理由による説明」と「原因による説明」とを対比しているが、この対比に「正面から眺められた位相」と「側面から眺められた位相」を対応させて捉えることができよう（ただし、マクダウェルの「原因」の概念の扱い方はきわめて慎重である。マクダウェル（2）p.108, 186-7, 339-40)。

パトナムはパトナム（1）（2）（3）において、マクダウェルとほぼ同様の見解を取っており、マクダウェルのこの 'sideways-on view' 'from sideways-on' という表現が気に入っているようである（J・コナントによる *Words and Life* の序文 p.

lxxiii による)。

しかしながら、戸田山和久(2)の論文はこのようなマクダウェルの立場に疑問を投げかけている。戸田山は門脇俊介の著書に対する批判としてそれを述べているが、戸田山の議論はわれわれの問題を照射するものであり、本書のわれわれの立場を明らかにするためにも、くわしく紹介してみよう。

①戸田山は門脇の「理由の空間」という領域の導入について、まず「これは、他者や自分の行為あるいは主張に、理由が与えられたり、受け入れられたり、問われたりする規範的な空間であり、その理由のやりとりを通じて、他者の理解が達成されるような場である」と規定し、「この理由の空間が規範的な空間であるゆえに、物理的世界とは独立の「領域」をなすということもとりあえず認めておこう」(八五頁)と述べる。

②しかし、「理由の空間は全体論的システムであり、そこに現れる志向性は、他の志向性と推論関係に立つことによってのみ役割をもちうる。となると、理由の空間はそのままでは世界から真理という制約を受け入れることができないということになる」とし、続いて、「そこで、門脇は、受動的な知覚経験のうちにすでに概念的能力が働いているために、推論的関係をとり結ぶために不可欠な概念的内容(のようなもの)をもちうるのだというマクダウェルの提案を受け入れ、洗練させていこうとする」(八六頁)と述べている。

③しかし、戸田山にとって、問題は理由の空間の身分である。「知覚経験の内容によって理由づけられた多くの人々の行為の全体が世界におおむねフィットしていなければならない。つまり理由の空間は、世界との通路をもつだけでは足りず、システム全体として世界に正しく対面していなければならない。そして、われわれの理由の空間では、現にそれが実現されているように思われる。これはいったいなぜなのか」(八六頁)と戸田山は尋ねる。

④そして戸田山は次のように結論づける。「この問いに奇跡を持ち出さずに答えるには、理由の空間をそこに自然の中に置く他はないと思う。理由の空間は自然の中に実現されており、その構造も推論関係のあり

方も、自然によってふるいにかけられてきたからだ……そしてこの自然主義への一歩は、理由の空間を説明を受けるべき被説明項として位置づけたときにすでに踏み出されていたのである」(八六頁)と。

右の戸田山の議論に対して、本書における私の見解を示すために二つのポイントを提示したい。

まず、第一は「世界」という概念に関するものである。戸田山は、①において「理由の空間が規範的な空間であるゆえに、物理的世界とは独立の「領域」をなすということもとりあえず認めておこう」と述べ、「物理的世界」を理由の空間から独立なものとして規定しているが、②、③に登場する戸田山の「世界」という概念は①の「物理的世界」と同様なものとして使用されている。しかし、マクダウェルがその著『心と世界』という表題において使用する「世界」やウィトゲンシュタインが『確実性の問題』で「世界像」という場合の「世界」という概念は、戸田山のいう「物理的世界」という意味ではない。

この問題は、われわれをより大きく、複雑な、第二のポイントへと導いていく。④で、「理由の空間を自然の中に置く他はないと思う。理由の空間は自然の中に実現されており、その構造も推論関係のあり方も、自然によってふるいにかけられてきたからだ」と述べる場合、戸田山の「自然」の概念は科学的自然法則によって規定されるような概念であり、先の「物理的世界」と同等の意味で使われている。すなわち、戸田山は科学的実在論を取っており、マクダウェルのように「科学的言語による把握」を「側面から眺められた位相」とは考えないのである。

それゆえ、われわれの自然言語の説明として〔言語を前提としないで、意味理論を提示しようとする〕ダメットの full-blooded theory〈徹底した理論〉と〔言語を前提とする〕マクダウェルの modest theory〈つつましい理論〉の間の論争に関して、戸田山はダメットを支持する立場を取っていると私は考える(戸田山(1)の論文においては、入門書であるためか、自己の立場を明確に示していないが)。

それに対して、私はダメットに対する飯田隆の批判（一三三〜一五三頁）に賛成する（菅（2）第六章参照）。このように、私はマクダウェルの modest theory を取っており、それが「世界」の概念についての私の把握に連動している。したがって、自然言語に対して、私が「ノイラートの船」とか「伝統の貯蔵庫」という比喩を使う場合、この modest theory が背景にある。おそらく、戸田山はダメットと同様、そのような態度は不徹底であるというのであろう。

戸田山の論文が象徴しているように、日本の分析哲学では、科学的実在論が優勢であり、柴田正良（1）（3）は、行為論、心身問題について非還元的物理主義を取り、その見解を柴田（2）の『ロボットの心』において、体系的な仕方で明解に展開して見せている。柴田にとって「科学的言語による把握」を「側面から眺められた位相」と主張することは本末転倒の議論ということになろう。そこに「実在」「人間」に対する、本書の見解とは根本的に異なるヴィジョンが示されている。このような科学主義の最近の日本での水準を示す成果として、戸田山・服部・柴田・美濃編『心の科学と哲学』がある。

(20) ここで「原子物理学者は、かれの科学が人間と自然との対立の無限の鎖の一環にすぎず、自然『自体』について単純に云々することができないことに甘んじなければならなくなった。自然科学はいつも人間を前提している。われわれは、ボーアが言ったように、われわれが劇場で観客であるばかりではなく、いつも共演者であることに気付かなければならないだろう」（邦訳書、九頁）というW・ハイゼンベルグの言葉を引用しておこう。

第四章

(1) J・P・サルトルを参照。

(2) 事実判断から価値判断は導出できないという議論は第一章第3節（二九〜三〇頁）で述べたムーアの「自然主義的誤謬」を指摘する論のうちに示されており、エアーの情緒説はこれに基づいている。それに対してサール（pp. 175-198、邦訳三一〇〜三五二頁）はその見解を批判する。この問題をめぐっては加藤尚武一〇〇～一一六頁、三浦俊彦一一二～一二四頁を参照。なお、'the brute fact'（「裸の事実」「生の事実」）についてはアンスコム（3）pp. 23-5 を参照。

（3）「厚い概念」とは「残酷」「誠実」「勇気」等々の表現によって示される概念であり、「善」「悪」「正」「不正」等の「薄い」概念とは一応区別される。前者に関しては、そこに価値評価だけではなく、事実的記述も含まれていることが容易に見て取れる。これらの「厚い概念」と「薄い概念」を「価値評価（valuation）」と呼ぶとすれば、それ以外に「（行為）指令的（directive）」と呼ぶべき表現が存在する。それは、先に紹介した「〈である〉から〈べき〉を導出できない」と言う場合の「べき」といった表現であり、「私は～をなすべきである」「私は～をなさなければならない」という文章で表現されるものである。道徳を問題にする場合、この価値判断と行為指令判断の両方の機能を考察する必要があり、とくに行為指令（規範的）判断が価値判断のうちにどのような意味で含まれているかを考察することは重要であるが、ここでは、前者の価値評価判断に話を限ることにしたい。

「厚い概念」についてのヘアの解釈は本文（九七～一〇一頁）で述べているので、ここではマッキーの厚い概念の解釈を簡単に紹介しておこう。マッキーは厚い概念が事実概念であると主張する。すなわち、対象に対する適用規準をもつ概念であると考える。この点で、厚い概念に価値的意味を認めるヘアと比べ、より単純な見解である。では、それらに伴う価値評価はどのように説明されるのであろうか。「虐待」「残酷」といった厚い概念は事実概念であるが、その事実に対してはそれを拒否するというわれわれの心理的傾向、心的反応が伴う（ただし、それを「意味」として認めない）。このように、マッキーの見解で「残酷な」という厚い概念が不正という価値評価に関わっているということを説明しようとしている。

しかし、このマッキーの見解では「残酷」という厚い概念の同一性は、まず事実概念として価値評価から独立に規定できると考えられている。

(4) マッキーならびにヘアの見解の批判としてパトナム(3)(pp.28-64)、また、ウィリアムズ(2)chap. 8, 神崎を参照。さらにパトナム、ウィリアムズ、神崎の議論の基になっている、マクダウェル(2)の論文、“Are Moral Requirements Hypothetical Imperatives?”, “Virtue and Reason” を参照。

(5) マクダウェル(2)の論文 “Virtue and Reason” pp.60-5 を参照、またクリプキ批判については、マッギン pp.64-6 を参照。

(6) マクダウェル(2)の論文 “Projection and Truth in Ethics”, p.151.

(7) ブラックバーン(2)の Introduction, pp.3-11.

(8) ウィギンズ(1)の論文 “Truth, Invention, and The Meaning of Life”, pp.106-7, マクダウェル(2)の論文 “Projection and Truth in Ethics” p.159, またプラッツを参照。

(9) マッキー(1)pp.15-8 を参照。

(10) ブラックバーン(1)の Chap. 6, Evaluation, Projection, and Quasi-Realism を参照。

(11) マッキー(1)pp.15-8 を参照。

(12) 本書第二章、第三章を参照。

(13) マクダウェル(2)の論文 “Projection and Truth in Ethics”, pp.157-166を参照。

(14) ここで、「可笑しい」という概念の場合を考えてみよう。「痛み」や「むかつき」に対応するようなわれわれの感覚・感受性は、それを対象から独立に取り出すことができる。では、「ある人物の仕草が可笑しい」という感覚がわれわれに生じる場合、そのような感覚や感情を対象から独立に取り出すことができるだろうか。

「可笑しい」という概念を、たとえば、「笑いたくなる感覚」といった仕方で規定することは十全な規定だとは思われない。というのは、「笑いたくなる感覚」はかならずしも可笑しさの適切な対応物ではないからである。「苦笑いをする」という表現が示しているように、われわれは可笑しさのみならず、当惑を生じさせるような事態に対しても笑うからである。おそらく、正確に規定しようとすれば、それは「可笑しさ」「滑稽さ」という概念を持ち出さないでは規定することができないのではあるまいか。しかし、ここでの重要な問いは「あるものを可笑しいものと認めるということは〈可笑しい〉という感情の投影である」と本当にいうことができるかどうかである。すなわち、「痛み」や「むかつき」の場合のように、われわれの主観の側、つまり心のうちに自己充足的な可笑しさの感情があって、それが対象に投影的に移されると考えてよいかどうかということである。

われわれはこの世界で遭遇する「可笑しい」出来事や「滑稽な」人物、あるいはまた演劇や小説の世界におけるそのような人物を考察することによって、「真の可笑しさ」「真の滑稽さ」とは何かを追究していく。そのことは、これらの概念が、単に「心の状態」の投影ではなく、われわれが遭遇する対象世界の人物や出来事の特性であることを示しているといえよう。

(15) マクダウェル (2) の論文 "Projection and Truth in Ethics", p.159.

(16) 黒田 (2) 三頁、黒田 (3) 九四頁。

(17) マードック pp.16-24, 邦訳二五~三八頁参照。

(18) 新約聖書「ローマ信徒への手紙」第三章。

第五章

(1) この議論についてはスミス Chap.4 を参照。

(2) 前掲書 pp.111-116 を参照。またデイヴィドソンの見解については柏端を参照。

(3) ネイジェル Part II、ならびにマクダウェル (2) の論文 "Are Moral Requirements Hypothetical Imperatives?", "Virtue and Reason", "Non-Cognitivism and Rule-Following" を参照。

(4) 黒田 (2) 一〇~一六頁を参照。

(5) 自己の行為の知、つまり実践的知識についてのアンスコムの次の指摘は、このヒューム主義的な行為分析に対して有効な批判になっていると思われる。「近世哲学がまったく誤解してしまったもの、つまり古代や中世の哲学者たちが『実践的知識』(practical knowledge) という言葉で表したものが存在するのではなかろうか。近世哲学において、われわれはたしかに、知識について、徹底して静観的な概念をもっている。すなわち、知識は事実と一致することによってまさに知識と判定されるようなものでなければならない。つまり事実（実在）が先行し、あるものが知識であるためには何が語られるべきかを指定するのである。そしてこの近世の知の静観的な概念が（それによって行為の概念を捉えようとする場合）われわれが完全な暗黒の内に陥ってしまうことの原因なのである」アンスコム（1）三二節。

（6）ライオンズ、およびアンスコム（3）pp.34-3を参照。

（7）アンスコム（1）五節〜一八節、菅（1）六二〜八二頁、菅（4）一三二〜一四八頁を参照。

（8）シジウィック p.202.

（9）ブラットマン pp.122-124, 邦訳二三四〜二三七頁。

（10）アンスコム（2）の論文 "Modern Moral Philosophy", p.35.

（11）前掲論文、pp.35-36 を参照。

（12）マッキー Mackie pp.160-168, 邦訳二三一〜二四三頁。この「二重の結果の原則」をめぐるアンスコムの見解については、アンスコム（3）の論文 "War and Murder" ならびに "The Justice of the Present War Examined" を参照。

第六章

（1）シューメイカー Chap.2 を参照。

（2）ストローソン（1）pp.94-103 を参照。

（3）ウィリアムズ（1）p.123、黒田（1）三〇五〜三一三頁を参照。

（4）フランクフルト pp.11-25 を参照。

（5）フランクフルト pp.13-16 を参照。

（6）フランクフルト p.16.

（7）「予言破りの自由」については大森（1）一二一〜一五五頁。「予言破りの自由」の問題点の指摘については黒田（3）八五〜八八頁参照。

（8）フランクフルト pp.24-5 を参照。

（9）ワトソンを参照。

(10) テイラーの論文 “What is Human Agency?” を参照。
(11) 菅 (2) 一六一〜一六三頁。
(12) マクダウェル (3) の論文 “In Defence of Modesty” p.105、なお、この訳は飯田隆一四八頁より借用した。
(13) アンスコム (1) 四八節。
(14) エアー (2) pp.245-6 を参照。
(15) マッキンタイアー (1) 第一、第二章、また第八章を参照。

第七章

(1) 本書第五章第2節を参照。
(2) 『岩波哲学・思想事典』の「徳」(中国) の項目 (小南一郎) を参照。
(3) 加藤信朗、田中享英、武宮諦の論文、ならびに岩田靖夫の著書第三章を参照。
(4) バーニェト (1) を参照。
(5) アリストテレスの実践的推理の解釈については、ウィギンズ (1) の論文 “Deliberation and Practical Reason”, pp.215-237 に負うところが大きい。
(6) この論点はマクダウェル (2) の論文“Virtue and Reason”, pp.50-73 を参照。
(7) この解釈の典型的な例として、アランの論文が上げられる。
(8) アーウィンの論文を参照。
(9) チャールズ、またわが国の解釈については注 (3) に挙げた研究を参照。
(10) なお、われわれの「ヒューム的」という表現について一言述べておきたい。「欲求と信念」という二元論的見解は、ヒュームの「理性は情念の奴隷である」という言葉とともに (二〇世紀の道徳哲学において) 道徳的価値の情緒説、投影説と結びつけられてきた。本書においては、ヒュームの道徳哲学のこの側面を強調する議論を提示してきた。
しかし、「人為的な徳 (artificial virtues)」をアリストテレスと同様に生成論的な仕方で展開するヒュームの議論にも注目しておかなければならない。このヒュームの議論の中には反実在論に止まらず、道徳的実在論を捉えるための重要な手がかりが示されている。

ヒュームによれば、われわれ人間は強い自己愛(self-love)と僅かな慈愛(benevolence)の感情をもって生まれてくるが、言語の教授と学習を主たる手段とする社会化の過程を経て、道徳感情が育まれ、人為的な徳が成立していく。

もちろん、このような社会化の過程を経て成立する公共的道徳規準、たとえば、現在われわれが所有している道徳的感受性は、原初の単純な起源を無限に超え出ているといえる。しかし、この規準も、その源泉は原初的な慈愛の感覚に基づいているのであり、丁度、意識の言語がその源泉を「オーッ(ooh)」や「アイタッ(ouch)」といった言語反応に根ざすと同様に、道徳的感受性もその起源を「ブー」(boo)や「フレー(hurrah)」とあまり異ならない反応に根ざしているのである。

「徳」に関するこのヒュームの生成論的な指摘から、道徳的感受性と道徳的特性の間に次のような関係があると考えることができる。すなわち、感受性が、生じることによって、間主観的に看取可能な道徳的特性が取り出され、またそのような特性が看取され、取り出されることによって、道徳的感受性が育まれ、洗練されていく。このような相互規定の関係を通して「対象認知的」な構造が成立していくのである。

道徳的感受性の習得は世界の価値特性に対する規準の習得であるが、間主観的に強化されるこれらの規準は「社会化」の過程を通して確立されていく。またこの社会化の過程を通して個人の恣意的な感性は弱められ、ひとびとに共通な感性が強化されて、公共的な視点が獲得されていく。このようにして道徳的実在論者たちが抱く「主観性」、すなわち、モラル・センスの「主観性」が成立していくと考えることができるように思われる。ヒューム哲学がもつこの側面については、ウィギンズ(4)を参照。

(11) ウィギンズ(1)p.233ff. なお論点を明確にするため多少意訳している。

(12) エアーのChap.2を参照。またヘア(1)、ブラックバーン(1)Chap.6を参照。

（13）マクダウェル（1）の論文“Virtue and Reason”, pp.67–68. ここで、われわれが提示した事例の特徴を明らかにするため、それと対照的な、サルトルの上げる有名な事例を取り上げてみよう。
　サルトルは、第二次世界大戦の末期、彼のところに相談にきた、かつての教え子の例を上げている。その青年は年老いた母親のもとに止まるか、それとも自由フランス軍に身を投じて戦いに赴くべきかという道徳的ディレンマを抱えてサルトルを訪れた。彼が戦いに出かけるならば、母親はおそらく絶望に陥るだろう。他方、母親のもとに留まれば母を助けることになるが、しかし、その青年は、一個人のために生きるのではなく自由フランス軍に参加し、多くのひとびとのために行動したいという希望をもっている。

　サルトルに言わせれば、このディレンマを解く価値評価の規準は存在しないのであり、彼の回答は「君は自由だ。選びたまえ。創りたまえ」というものである。要するに、価値とはわれわれが決断し、創造するものだというのである。

　このサルトルの事例は、いわば極限状況の事例であり、また彼の議論にはさまざまな重要な洞察が示されていることは認めなければならない。しかし、本書の考察に引きつけて解釈するならば、このサルトルの立場は、事実と価値を分離するヒュームに繋がる反実在論の見解である（しかも、ヒュームよりも楽天的な見解のようにみえる）。それゆえ、われわれが本書の最初に掲げたソクラテスの「人はいかに生きるべきか」という生き方の問いに対して、サルトルは決断や意志を強調する立場を取っているということができる。

　サルトルやヒュームの決断や意志を強調する反実在論に対して、われわれは、第四章、第五章において、「勇気」「誠実」「思慮」「残酷」等の厚い概念の考察を手がかりに「事実と価値が分離不可能である」という議論を展開してきた。すなわち、道徳的行為における「知覚」の重要性を主張してきた。そのひとつのポイントが「状況がもつ道徳的特性は道徳的感受性を持つ人にとってのみ見えてくる」という洞察なのである。

(14)「徳なき人」には、無抑制の人ならびに抑制ある人、そして悪徳な人が含まれるが、ここでは前二者のみを問題にする。

(15) マクダウェル（2）の論文 "Virtue and Reason" の p.56 を参照。なお、この「沈黙させる／させられる」という表現はマクダウェルのいわば術語であり、彼の他の論文 "Are Moral Requirements Hypothetical Imperatives?", "The Role of *Eudaimonia* in Aristotle's Ethics" にも登場する。

(16) マクダウェル（4）を参照。

(17) マクダウェル（5）の p.103 を参照。

あとがき

本書を書きおえ、「序論」や「まえがき」を記していると、学生時代の記憶が甦ってくる。大学二年生の秋に、ギリシア語文法を藤澤令夫先生から教わった。語学の劣等生は翌年の夏になってもテキストが終わらず、帰省先の四国から福岡の香椎にある公務員宿舎の先生宅へ練習問題の解答を送り、赤インクで添削していただいたものが返ってくる、といった通信教育を何度か受けて、やっとギリシア語初歩を終えることができた。

ところが、当時の私を魅了していた書物は、その藤澤先生が数年前に出された『パイドロス』の注釈書であった。もちろん、動詞の活用もおぼつかない者に厳格なテキストクリティークや解釈の議論が理解できるわけはなく、私を惹きつけたのは先生が書かれた百頁を越す「序文」であり、そこにプラトンのイデア論へと導くソクラテスの精神が情熱を込め、説得的に語られていた。

十数年後、この『パイドロス』の序文を読んだときと同様の感銘を、私はアイリス・マードックの『善の至高性』において体験した。マードックは近世以降の道徳哲学、とくに現代の英米の道徳哲学を徹底して批判することによって、道徳的実在論への方向を示唆しており、強い共感を覚え、翻訳もこころみた。だが、マードックの議論はきわめて独創的であって、私はその共感を自分の言葉でどのようにして展開し、表現できるのかが分からなかった。

しかし、やがて、ウィギンズやマクダウェルの著作に親しむようになり、マードックのヴィジョンを表現する方法があるように思えるようになった。誤解をおそれず、単純化していえば、それはアリストテレスの倫理学を後期ウィトゲンシュタインの言語観の視点から捉えようとするものである。

以前、アンスコムの『インテンション』を勉強し、翻訳をしてみたが、そのときはデイヴィドソンの影響もあり、意図的行為の規定にのみ私の関心が集中し、アリストテレスの実践的推理についてのアンスコムの解釈がもつ倫理学的側面を捉え損なっていた。しかし、難解で散発的なかたちではあるが、アンスコムもアリストテレスの倫理学をウィトゲンシュタインの言語ゲームの視点から把握しているように思われる。

このようにして、私は後期ウィトゲンシュタインの言語観のもとに道徳的実在論を位置づけようという構想をもち、反実在論的見解の代表者として、ヒューム、エアー、ヘア、マッキー、ブラックバーンを配置し、それを批判するかたちで本書の議論を進めてきた。しかし、先に上げた道徳的実在論者がそれぞれその見解を異にするように、反実在論者たちの見解もそれぞれ異なっている。

私はマッキーの議論の進め方に魅力を感じており、とくに彼の著書 *Hume's Moral Theory* は共感するところが大きい。また十数年前、オックスフォードでブラックバーンの明解な講義を一年間聴講し、彼の議論に説得力のあることは承知している。したがって、本書で述べた彼らの議論に対する私の批判は少々単純化しすぎていると感じるところがある。

だが、個々の議論ではなく、鳥瞰的に問題自体を捉えるならば、私は彼らの見解に決して与することはできない。そこで、注において、彼らに対する私の批判をくわしく述べようとしたが、中途半端なかたちでしか実現できず、残念である。

しかし、本書のより大きな問題点は、アリストテレスの倫理学の門口まで来て、そこで終っていることであろう。富岡勝氏から「道徳的実在論の展開を期待していたのに、これでは実在論序説ではないか」といわれ、もともと「徳」の具体的な内容を論じる予定はなく、私はまさに『道徳的実在論序説』を意図していたことを改めて自覚した次第である。

たとえば、本書では、アリストテレスの徳を論じる際、幸福（*εὐδαιμονία*）の問題を扱うことができなかった。しかし、いうまでもなく、幸福と正義、善と規範・義務の関係をどう捉えるかは倫理学、道徳哲学の中心問題である。これはきわめて複雑、難解な問題であって、今後に残された私の大きな課題である。

●双書エニグマ：現代哲学・倫理学の中心的課題に迫る書下しシリーズ

① 河野哲也　エコロジカルな心の哲学　ギブソンの実在論から　四六判　三〇四五円
② 野本和幸　フレーゲ入門　生涯と哲学の形成　四六判　三一五〇円
③ 水野和久　他性の境界　四六判　三一五〇円
④ 成田和信　責任と自由　四六判　二九四〇円

菅　豊彦　心を世界に繋ぎとめる　言語・志向性・行為　四六判　二八三五円
湯浅正彦　存在と自我　カント超越論的哲学からのメッセージ　A5判　五七七五円
貫　成人　経験の構造　フッサール現象学の新しい全体像　A5判　五四六〇円
服部裕幸　言語哲学入門　四六判　二九四〇円
中山康雄　時間論の構築　四六判　二九四〇円
トーマス・シュランメ　はじめての生命倫理　村上喜良訳　四六判　二八三五円

*表示価格は二〇〇四年六月現在。消費税は含まれています。

著者略歴

1941年　愛媛県に生まれる
1968年　九州大学大学院文学研究科哲学専攻博士課程中退
現　在　九州大学大学院人文科学研究院教授
著　書　『実践的知識の構造』『心を世界に繋ぎとめる』(いずれも勁草書房)，『経験の可能性』(法律文化社)

道徳的実在論の擁護　双書エニグマ⑤

2004年6月10日　第1版第1刷発行

著　者　菅《かん》　豊《とよ》　彦《ひこ》
発行者　井　村　寿　人

発行所　株式会社　勁《けい》　草《そう》　書　房

112-0005 東京都文京区水道2-1-1　振替 00150-2-175253
(編集) 電話 03-3815-5277／FAX 03-3814-6968
(営業) 電話 03-3814-6861／FAX 03-3814-6854
平文社・青木製本

ISBN 4-326-19908-3　Printed in Japan

人名索引

あ　行

か　行

さ　行

ま　行

た　行

な　行

は　行

や，ら，わ　行

事項索引

さ　行

た　行

な　行

は　行

ま　行

や，ら 行

文 献 表

雑誌掲載論文については、筆者が使用した文献名を表記し，本文の注で示した頁数もそれによる。

D. J. Allan（アラン）"The Practical Syllogism", in *Autour d'Aristote*, Louvain, 1955.

G. E. M. Anscombe（アンスコム（1））*Intention*, Basil Blackwell, 1957,『インテンション』菅豊彦訳，産業図書，1984.

——（アンスコム（2））*An Introduction to Wittgenstein's Tractatus*, Hutchinson University Library, 1959.

——（アンスコム（3））*Ethics, Religion and Politics, Collected Philosophical Papers*, vol. III, Basil Blackwell, 1981.

A. J. Ayer（エアー（1））*Language, Truth and Logic*, Gollancz, 1936,『言語・真理・論理』吉田夏彦訳，岩波現代叢書，1955.

——（エアー（2））"On the Analysis of Moral Judgements", *Philosophical Essays*, Macmillan, 1954.

G. P. Baker and P. M. S. Hacker（ベイカー&ハッカー）*Wittgenstein—Meaning and Understanding—*, Basil Blackwell, 1980.

J. Bentham（ベンサム）*A Fragment on Government and an Introduction to the Principles of Morals and Legislation*, Blackwell's Political Text, 1948,『道徳および立法の諸原理序説』山下重一訳，中央公論社，1967.

S. Blackburn（ブラックバーン（1））*Spreading the Word*, Oxford University Press, 1984.

——（ブラックバーン（2））*Essays in Quasi-Realism*, Oxford University Press, 1993.

——（ブラックバーン（３））*Ruling Passions*, Oxford University Press, 1998.

M. E. Bratman（ブラットマン）*Intention, Plans and Practical Reason*, Harvard University Press, 1987, 『意図と行為』門脇俊介・高橋久一郎訳，産業図書，1994.

M. F. Burnyeat（バーニェト（１））"Aristotle on Learning to be Good", in *Essays on Aristotle's Ethics*, (ed.) A. O. Rorty, University of California Press, 1980,「アリストテレスと善き人への学び」神崎繁訳　井上忠・山本巍『ギリシア哲学最前線』II，東京大学出版会，1986.

——（バーニェト（２））"Idealism and Greek Philosophy: What Descartes Saw and Berkeley Missed", in G. Vesey, (ed.) *Idealism Past and Present*, Cambridge University Press, 1982.

S. Cavell（キャヴェル）*Must We Mean What We Say?*, Charles Scribner's Sons, 1969.

D. Charles（チャールズ）*Aristotle's Philosophy of Action*, Duckworth, 1984.

S. Darwall, A. Gibbard and P. Railton（ダーヴァル，ギッバード&レイルトン）*Moral Discourse & Practice*, Oxford University Press, 1997.

D. Davidson（デイヴィドソン）Actions, Reasons, and Causes, *Essays on Actions and Events*, Oxford University Press, 1980,『行為と出来事』服部裕幸・柴田正良訳，勁草書房，1990.

M. Dummett（ダメット）"What is a Theory of Meaning?（I）" "What is a Theory of Meaning?（II）", *The Seas of Language*, Clarendon Press, 1993.

P. Foot（フット）*Virtues and Vices*, University of California Press, 1978.

H. Frankfurt（フランクフルト）"Freedom of Will and the Concept

of a Person" *The Importance of What We Care About*, Cambridge University Press, 1988.

H. A. Gleason（グリースン）*An Introduction to Linguistics*, Holt, Rinehart and Winston, Inc., 1955,『記述言語学』竹林滋，横山一郎訳，大修館書店，1970.

D. R. M. Hare（ヘア（1））*Freedom and Reason*, Clarendon Press, 1963,『自由と理性』山内友三郎訳，理想社，1982.

——（ヘア（2））*Moral Thinking*, Clarendon Press, Oxford, 1981,『道徳的に考えること』内井惣七・山内友三郎監訳，勁草書房，1994.

W. Heisenberg（ハイゼンベルグ）*Das Naturebild der heutigen Physik*, Rowohlt Taschenbuch Verlag, 1955,『現代物理学の自然像』尾崎辰之助訳，みすず書房，1965.

T. Honderich (ed.)（ホンダリッチ）*Morality and Objectivity*, Routledge & Kegan Paul, 1985.

D. Hume（ヒューム（1））*A Treatise of Human Nature*, (eds.) L. A. Selby-Bigge and P. H. Nidditch, Clarendon Press, 1975.

——（ヒューム（2））*Enquiries concerning the Principles of Morals*, (ed.) L. Selby-Bigge, Oxford University Press, 1975,『道徳原理の研究』渡辺峻明訳，晢書房，1993.

T. H. Irwin（アーウィン）"Some Rational Aspects of Incontinence", *The Southern Journal of Philosophy*, Vol. XXVII, Supplement, 1989

H. Ishiguro,（石黒ひで）"Use and Reference of Names" *Studies in the Philosophy of Wittgenstein*, (ed.) P. Winch, Routledge & Kegan Paul, 1969.

S. Kripke（クリプキ）*Wittgenstein on Rules and Private Language*, Basil Blackwell, 1982, 黒崎宏訳『ウィトゲンシュタインのパラドックス』，産業図書，1983.

D. Lyons（ライオンズ）*Rights, Welfare, and Mill's Moral Theory*, Oxford University Press, 1994.

A. MacIntyre（マッキンタイアー（1））*A Short History of Ethics*, Macmillan, 1966,『西洋倫理思想史　上』菅・岩隈・甲斐・新島訳，九州大学出版会，1985.

——（マッキンタイアー（2））*After Virtue*, Duckworth, 1981,『美徳なき時代』篠崎栄訳，みすず書房，1993.

J. L. Mackie（マッキー（1））*Ethics*, Penguin Books, 1977,『倫理学』加藤尚武監訳，哲書房，1990.

——（マッキー（2））*Hume's Moral Theory*, Routledge & Kegan Paul, 1980.

J. McDowell（マクダウェル（1））*Mind and World*, Harvard University Press, 1994.

——（マクダウェル（2））*Mind, Value, and Reality*, Harvard University Press,1998.

——（マクダウェル（3））*Meaning, Knowledge, and Reality*, Harvard University Press, 1998.

——（マクダウェル（4））"Comments on T. H. Irwin's 'Some Rational Aspects of Incontinence' ", *The Southern Journal of Philosophy*, Vol. XXVII, Supplement, 1989.

——（マクダウェル（5））"Incontinence and Practical Wisdom in Aristotle", *Essays for David Wiggins*, (eds.), S. Lovibond and S. G. Williams, Basil Blackwell, 1996.

C. McGinn（マッギン）*Wittgenstein on Meaning*, Basil Blackwell, 1984.

J. S. Mill（ミル）*Utilitarianism*, *On Liberty and Other Essays*, Oxford, 1991,『功利主義論』伊原吉之助訳，中央公論社，1967.

G.E. Moore（ムーア）*Principia Ethica*, Cambridge University Press, 1903.

T. Morawetz（モラウェッツ）*Wittgenstein and Knowledge*, The University of Massachusetts Press, 1978,『ウィトゲンシュタインと知』菅豊彦訳，産業図書，1983.

I. Murdoch（マードック）*The Sovereignty of Good*, Routledge & Kegan Paul, 1970,『善の至高性』菅豊彦・小林信行訳，九州大学出版会，1992.

T. Nagel（ネイジェル）*The Possibility of Altruism*, Princeton University Press, 1970.

M. Nussbaum（ヌスバウム）*Aristotle's De Motu Animalium*, Princeton University Press, 1978.

G. Orwell（オーウェル）*A Hanging*, 1931,『絞首刑』小野寺健編訳『オーウェル評論集』岩波文庫，1982.

M. Platts（プラッツ）*Ways of Meaning*, Routledge & Kegan Paul, 1979.

H. Putnam（パトナム（1））*Realism with a Human Face*, Harvard University Press, 1990.

——（パトナム（2））*Words and Life*, Harvard University Press, 1994.

——（パトナム（3））*The Collapse of the Fact/Value Dichotomy*, Harvard University Press, 2002.

J. P. Sartre（サルトル）*L'Existentialisme est un humanisme*, Editions Nagel, 1945.

J. Searle（サール）*Speech Acts*, Cambridge University Press, 1969,『言語行為』坂本百大・土屋俊訳，勁草書房，1986.

S. Shoemaker（シューメイカー）*Self-Knowledge and Self-Identity*, Cornell University Press, 1963,『自己知と自己同一性』菅豊彦・浜渦辰二訳，勁草書房，1989.

H. Sidgwick（シジウィック）*The Methods of Ethics*, Macmillan, 1907,（seventh edition, 1960）.

M. Smith（スミス） *The Moral Problem*, Basil Blackwell, 1994.

P. Strawson（ストローソン）*Individuals*, Methuen, 1959,『個体と主語』中村秀吉訳，みすず書房，1979.

C. Taylor（テイラー）*Human Agency and Language, Philosophical Papers 1*, Cambridge University Press, 1985.

R. Taylor（リチャード・テイラー）*Good and Evil*, Macmillan, 1970.

M. Warnock（ワーノック） *Ethics since 1900*, Oxford University Press, 1960.

G. Watson（ワトソン）"Free Agency", *Free Will*, (ed.) G. Watson, Oxford University Press, 1982.

D. Wiggins（ウィギンズ（１））*Needs, Values, Truth*, Clarendon Press, Oxford, 1998.

——（ウィギンズ（２））"Moral Cognitivism, Moral Relativism, and Motivating Beliefs", *Proceedings of the Aristotelian Society*, vol. 91, 1990-1.

——（ウィギンズ（３））"Categorical Requirements", R. Hursthouse, G. Lawrence and W. Quinn, (eds.) *Virtues and Reasons*, Clarendon Press, 1995.

——（ウィギンズ（４））"In Subjectivist Framework : Categorical Imperatives and Real Practical Reasons", *Preferences*, (ed.) C. Fehige, G. Meggle and U. Wessels, de Gruyter, 1995.

——（ウィギンズ（５））"Natural and Artificial Virtues : A Vindication of Hume's Theoretical Scheme", *The Virtues*, (ed.), R. Crisp, Oxford University Press, 1996.

B. Williams（ウィリアムズ（１））*Descartes*, Penguin Books, 1978.

——（ウィリアムズ（２））*Ethics and the Limits of Philosophy*, Harvard University Press, 1985,『生き方について哲学は何が言えるか』森際康友・下川潔訳，産業図書，1993.

L. Wittgenstein（ウィトゲンシュタイン）*Tractatus Logico-Philosophicus*, 1921,『論理哲学論考』奥雅博訳，大修館書店，1975，野矢茂樹訳，岩波文庫，2003．
——*Philosophische Untersuchungen*, 1953,『哲学探究』藤本隆志訳，大修館書店，1975，黒崎宏訳，産業図書，1997．

——*Über Gewißheit*, 1967,『確実性の問題』黒田亘訳，大修館書店，1975．

——*Zettel*, 1967,『断片』菅豊彦訳，大修館書店，1975．

——*Wittgenstein und der Wiener Kreis*, 1967,『ウィトゲンシュタインとウィーン学団』黒崎宏訳，大修館書店，1976．


アリストテレス『ニコマコス倫理学』高田三郎訳，岩波文庫，1971，加藤信朗訳，岩波書店，1973．

飯田隆『言語哲学大全IV』勁草書房，2002．

岩崎武雄『現代英米の倫理学』勁草書房，1963．

岩田靖夫『アリストテレスの倫理思想』岩波書店，1985．

大森荘蔵（1）『言語・知覚・世界』岩波書店，1971．

——（2）『知の構築とその呪縛』筑摩書房，1994．

岡部勉『行為と価値の哲学』九州大学出版会，1995．

柏端達也『行為と出来事の存在論』勁草書房，1997．

桂壽一『近世主体主義の発展と限界』東京大学出版会，1974．

加藤信朗「行為の根拠について」『人文学報』161号，1983．

加藤尚武『現代倫理学入門』講談社学術文庫，1997．

門脇俊介『理由の空間の現象学』創文社，2002．

菅豊彦（1）『実践的知識の構造』勁草書房，1986．

——（2）『経験の可能性』法律文化社，1987．

——（3）「最晩年の思索」飯田隆編『ウィトゲンシュタイン読本』法政大学出版会，1995．

——（4）『心を世界に繋ぎとめる』勁草書房，1998．

――（5）「真理条件説と実在論」『文学研究』第百輯，九州大学大学院人文科学研究院，2003.
神崎繁「《徳》と倫理的実在論」日本倫理学会編『徳倫理学の現代的意義』慶応通信，1994.
黒田亘（1）『経験と言語』東京大学出版会，1975.
――（2）『知識と行為』東京大学出版会，1983.
――（3）『行為と規範』勁草書房，1992.
柴田正良（1）「あれかこれか？――行為の因果説と心の非法則性」『哲学』第57号，2000.
――（2）『ロボットの心』講談社現代新書，2001.
――（3）「The Exclusion Problem とエピフェノメナリズム」『理想』672号，2004.
武宮諦「『アクラシア』問題をめぐって」『哲学論文集』第8輯，九州大学哲学会，1972.
田中享英「ソクラテスと意志の弱さ（1）」北海道大学文学部『紀要』30-2，1982.
田中美知太郎（1）『ソクラテス』岩波新書，1957.
――（2）「徳の倫理と法の倫理」『講座哲学体系七』人文書院1967.
戸田山和久（1）「真理条件的意味論と検証条件的意味論」野本和幸・山田友幸編『言語哲学を学ぶ人のために』世界思想社，2002.
――（2）「哲学的自然主義の可能性」『思想』2003，4月.
戸田山和久・服部裕幸・柴田正良・美濃正編『心の科学と哲学』昭和堂，2003.
中畑正志 「「倫理学」の成立をめぐる基本問題」岩波講座『転換期における人間』1989.
野家啓一『科学の解釈学』新曜社，1993.
藤澤令夫（1）『パイドロス』岩波書店，1957.
――（2）『世界観と哲学の基本問題』岩波書店，1993.
プラトン『パイドン』松永雄二訳，岩波書店，1975, 岩田靖夫訳，岩波

文庫，1998.
——『メノン』藤澤令夫訳，岩波書店，1974.
三浦俊彦『論理学入門』日本放送出版協会，2000.
山本信「形而上学の可能性」『岩波講座・哲学Ⅷ』，1971.